U0079071

你一定要學的
撩妹攻略

How To make a girl chase you

凌雲＝編著

想撩妹，先學點撩妹心理學

作家威廉·楊格曾說：
**長得帥不帥當然是優質女孩選擇男友的條件之一，
但是，男人對她用不用心，卻是最後讓她決定和誰交往的關鍵因素。**

的確，想要撩妹，長得帥不帥並不是重點，重要的是你能不能撩動對方的內心，
懂不懂她的言行舉止代表什麼意思。

想追女生，厚臉皮固然重要，但表達的技巧更重要，
如果碰到自己喜歡的女孩卻不知道該如何採取行動，
或是用錯方式造成反效果，必然讓你懊悔不已。
想要撩妹，就一定要學點撩妹心理學。

出 版 序　　　　　　　　　　　　　　　•凌　雲

你一定要學會的撩妹攻略

女人對異性的追求顯得內向、深沉，而且羞澀和執拗。即使平時十分開朗、活潑的女人，在自己愛慕的男人面前也常常不苟言笑。

心理學家楊格曾經說過：「男人只要肯用心，就會恍然發現，好女孩並不像自己想像中的那麼難追。」

的確，一個想把到正妹的男人，長得帥不帥並不是重點，重要的是你是否讀懂正妹的內心，懂不懂她的言行舉止代表什麼意思。只要你掌握了把妹心理學，在正妹的面前用心展現自己，就算你是宅男，照樣可以把到正妹。

男人在追求女人時，總是會被女人弄得暈頭轉向、迷迷糊糊，很難摸清楚女人到底在想些什麼。其實，這是因為還沒有瞭解女人的內心。

女人的愛是被動的，即使很喜歡一個男人，在表達上也永遠比男人被動，這點女人與男人有很大的區別。

男人喜歡一個女孩子時，往往會比較主動，也比較勇敢，愛就是愛，不喜歡拐彎抹角，有時言行甚至還顯得有些魯莽，雖然令女人吃驚和不知所措，但女人就喜歡這樣。

　　女人的愛很被動，她們經常會採取等候的態度。

　　她會精心打扮自己，顯示出女性的魅力，以此來吸引男人的目光，希望心中期待的男人主動追求自己。即使男人還沒有採取明顯的態度來對她表白，至少她也希望男人在心裡是想著她的。

　　對於女人來說，如果有男人追求她，她對這個男人也頗有好感，也不會馬上答應男人的求愛，而是採取矜持的態度，會使男人朝思暮想，想方設法地繼續追求。如果男人依舊不放棄地苦苦追求，女人的心裡就會大受感動，最後再接受他的愛。

　　這樣女人看似被動，實際上還是掌握了主動權，比較能夠按照自己的意願行事。

　　女人在戀愛中，希望被人想念的心理，實際上也是因為女人怕自己對男人的表白遭到拒絕。

　　男人向女人表白愛意，會被視為有男子氣概的行為，因此即使遭到拒絕，也不會耿耿於懷。毅力堅強的男人，遭到女人的拒絕後，反而還會激發不達目的誓不罷休的決心。而且，男人的這種勇於追求、百折不撓的精神往往也是女人喜歡和欣賞的。

　　女人喜歡被男人追求、被男人放在心上、被男人用甜言蜜語包圍的感覺，這樣女人才覺得自己有價值。

　　但如果女人主動追求男人，通常會被視為自貶身價，甚至被看成輕浮之舉。如果她的求愛遭到男人的拒絕，她的自尊心會受到很大的傷害，有些女人甚至一生都無法釋然。

　　女人總是希望男人主動追求自己，最後再「被迫」答應男人的請求，這樣她既有面子，又可享受被人追求的種種快樂。

　　但並不是所有女人的求愛主動性都不高，一些相對起來外在

條件較差的女人，求愛的主動性通常就比漂亮的女人高。

女人對異性的追求顯得內向、深沉，而且羞澀和執拗。她們對愛慕的異性往往偷偷投去一瞥，常喜歡在他不注意的時候深情地注視他。即使平時十分開朗、活潑的女人，在自己愛慕的男人面前也常常不苟言笑，給人靦腆、矜持、窘迫的感覺，甚至還會故意迴避他。

女人懂得深藏自己的感情，對男人的追求，明明心理贊同，也不立刻表態，往往會故作姿態，說些假話隱藏自己的心態。

即使主動追求男人，也不會直接大方地讓他感受到，而是喜歡旁敲側擊，委婉、含蓄，慢慢讓男人懂得她的心思。

作家褒曼曾經寫道：「越是可望不可及的完美女人，其實在內心深處越是渴望有男人來敲自己的心房。」

一般男人面對一個大家公認的正妹，通常都會先入為主地認為她的擇友條件一定很高，還沒展開行動就自己打退堂鼓。事實上，正妹沒你想的那麼難追，對男人的要求也不像外界想像那麼苛。重點就在於，追求她的男人是否懂得女人的心理，用心表現出讓她打從心底感動的行為。

如果發現身邊有對你有好感的女孩子，或是其實自己心儀的那個女孩對你也有意思，只是正在等你的表白，那麼不妨勇敢一些，主動去追求你的幸福。

本書係作者舊作《你不能不知道的把妹心理學》的全新增訂本，透過各種真實情境與例子，以女性觀點出發，解說戀愛應該知道的技巧和訣竅，提供男性最正確、最有效的把妹妙招，謹此向讀者說明。

Chapter 3
順著情景表達你的感情

藉景托情可以有效強化「情」的力量，
並讓甜言蜜語更顯得真實可信，
如果你還遲遲尋不著突破口，
這種方式值得一試。

Chapter 4
與其單相思，不如大膽嘗試

何苦讓自己陷於單相思的情況中，自我折磨？
積極主動創造適合自己的求愛方式，
敢於嘗試，就有機會如願以償。

Chapter 5
談戀愛必須「厚臉皮」

「厚臉皮」並不是不講策略，
當你不知道對方是否也愛上了自己時，
先不要輕易地表露你的愛意，
而應該通過觀察瞭解，
弄明白對方對你是否「有意思」。

Chapter 6
聽懂「口是心非」背後的訊息

正因為女人擁有「口是心非」的特性，
逼著男人說「假話」，
使許多在各方面都很優秀的男人，
偏偏栽在這一關。

Chapter 7
愛要主動，不能被動

愛的基本要素，就是去愛，
而不是被愛。勇敢表達你的愛，
才有可能得到他人的真切回應。

Chapter 8
現代男人應該怎麼看愛情

現代的愛情規則是把握時機主動追求，
封閉自己是愚蠢的，
封閉愛情則是徒勞的。

Chapter 9

想愛，就要痛快去愛

表達情感並不一定要很直接，
但有時用些有趣的方法間接傳達心意，
反而能夠格外觸人心弦，
營造出別致的氣氛。

Chapter 10

提防女人的小伎倆

女人不但小伎倆多，還有靈巧的智慧，
他們會時不時地對男人耍小手段，玩弄新花樣，
渴望把妹或正在談戀愛的男人，千萬要小心。

Chapter 11
保持吸引力，讓愛情更亮麗

感性、風趣的人，才能成為好伴侶。
感性的男人，能與戀人同甘共苦，
分享喜與悲，分享夢想與困惑。

PART 1.

撩妹之前，
先把握好自己的心

追求女性，方法固然重要，
心態更加重要。
二者緊密結合，
就一定會擦出值得珍惜的愛的火花。

把愛意傳送到對方心裡

> 表情傳意，貴在誠心誠意。百分之百的真心，加上一點小技巧，一定能把愛意順利傳遞出去，傳送到對方心裡。

作家莫瑞曾說：「世界最長的情路，是從心裡到嘴巴。」

的確，當我們對某人產生愛意，通常都會把愛意悶在心裡，當我們對某人萌生愛意，往往想要說出口，又提不起勇氣，因為，我們都會怕萬一開口向對方告白，會讓自己的美夢從此粉碎。

有時候，男女彼此都有愛意，卻苦於無法說破而導致最終各奔東西，這種結局最令人惋惜。

如何用語言示愛，恰到好處地傳遞心意，無疑是男人必須學習的課題。

話若是說得不好，造成尷尬局面，甚至導致誤解，招惹是非，引起麻煩，是很可能的結果。

因此，用語言交流捅破彼此愛慕的「窗戶紙」，並不是一件隨便的事，必須講究技巧和分寸。

• 無中生有地試探

在單獨接觸的時候，假借別人之口，說出自己想與對方建立戀愛關係的用意。

這時，「有人說」就是最好的開場白，你可以這麼說：「前

些日子，有人看見我們在一起，說我們在談戀愛呢！」

● 用目光說話

將喜歡的心情注入目光中，試著以此來表達對她的感情，是一種很有魅力的方式。

例如，當她遲到、稍微受傷或被上司斥責時，用一種「妳還好吧」的眼光看對方。而當她跟其他的人說話時，試著以「哼！幹嘛那麼親近」、稍帶嫉妒的眼光看她。

若能自在地用眼睛表達感情，你的面部表情一定會豐富起來。

● 乘機問話表明態度

在有多人參與的宴飲或娛樂場合中，藉機表現自己，引起對方一定程度的好感。

例如，趁她高興時，悄悄附在她耳畔，像要說什麼大秘密一樣，問一句：「我，可以追求妳嗎？」

● 用愛情電影式的語言

肉麻的話固然肉麻，但有時會產生明顯的效果。女人聽了這樣的話，會受到刺激，感覺飄飄然。

愛情電影中的示愛語言，可以適度運用，例如：「妳的快樂，就是我的幸福。」「我現在才明白，是妳讓我心跳加速。」「跟妳在一起的每一天，都讓我感到充實。」

● 誠摯單純地說出真心話

表示愛意時，要誠懇而單純，讓對方體會到你是在說真心話。

請深情地注視著她，對她說：「我喜歡妳的一切。」「我想

和妳廝守一生。」「把永遠保護妳的任務交給我，好嗎？」

• 借景生情，捕捉緣分

假如，你有機會與對方單獨相處，看到別處有卿卿我我的戀人，大可借景生情，抒發自己的感慨，對她說：「看！那一對多麼令人羨慕！我們能否有這樣一種緣分？」

表情傳意，貴在誠心誠意。百分之百的真心，加上一點小技巧，一定能把愛意順利傳遞出去，傳送到對方心裡。

巧用肢體，傳遞愛意

> 追求異性是快樂而又費神的，要根據環境的
> 變化及時調節思路和做法，以免追悔莫及。

如果你有了愛慕的對象，不想讓自己錯過這段可能成真的愛情，就要鼓起勇氣，發揮腦力，想個巧妙的方法，把心中的愛意說出來。

想追求心儀的女性，你就必須明瞭肢體接觸的重要。

身體某些部位的接觸，足以刺激雙方產生愛情，這就是肢體語言的魔力。雖然沒有直接表白，彼此的愛意卻已心照不宣。

• 製造有利的環境

身體接觸的有利條件，是外部氣氛與環境，再加上彼此親密的交談。交談須從自然的話題展開，最好能有手勢、神態的配合，激起對方心靈的共鳴。

至於週遭環境與氣氛，要著重以下幾點：

暗處：這可以消除她的羞怯，讓感情更開放。

窄處：雙方身體會自然地接觸，從而產生「磁力」。

四周的熙熙攘攘，會使你們自然靠近，環境促成情緒的興奮，身體接觸會變得情不自禁，而且別有一番情趣。

幽靜的林蔭道，濃柳岸邊，容易激起女性心中的縷縷情思，

也是合適的場所。若是對方情緒低落，有向異性傾吐的慾望，更是不能錯過的好時機。

‧做一些雙方都喜歡的事情

做一些兩個人都喜歡的事情，如到野外踏青、看電影、聽音樂會……彼此分享快樂，並試著記住那些過得很愉快的時光，再研究一下當時你是什麼樣的表現，又有哪些小動作引起她開心的回應？

‧尋找理由拉她的手

過馬路時，故意催促說：「快點，紅燈要亮了！來！」然後，自然地牽起她的手向前走。

上下樓梯或走過崎嶇不平的道路時，自然地伸出手，對她說：「危險！不要跌倒了！」

人潮擁擠時，對她說：「抓住我的手，否則會走散的。」

她若忸忸怩怩，你就一把抓住她的手。如果她真的喜歡你，只會作勢地掙扎幾下，然後就順從。如果她確實不願意，便會「聲色俱厲」地掙脫你。這時，千萬不要勉強，因為這是對她的尊重。

見她要站起來，可以自然地對她說：「來，我拉妳起來。」

還有一招，就是跟她比比手掌大小：「來，我們來比比，誰的手大！唔！妳的手真可愛。」

別忘了看手相，這方法很俗，但很有效。如果你能一口氣扯上五六分鐘，讓她信以為真，效果更好。

‧尋找理由碰她的肩膀

有車從後面駛來時，對她說：「小心，車來了！」然後輕輕

地摟著她的肩膀，將她拉近。

來到餐廳門口時，拍拍她的肩膀，說：「就這間，怎麼樣？」她若同意，便輕輕扶著她的肩膀，一同走進去。

突然起風或下雨時，脫下大衣，披在她身上，輕摟肩膀。

介紹建築物或名勝古蹟時，從背後把手搭在她的肩膀上，另一手指向建築物或古蹟說：「喏！就是那一幢。」

• 用親吻示愛的分寸

1. 為她整理髮型時

「啊！妳的頭髮上好像沾到東西！」

「真的嗎？是什麼？」

「是什麼呢？哇！好像是蟲。」

「快點！快點幫我弄掉！」

「好！妳不要動，閉上眼睛。」

而後，你便可以偷偷地親一下她的臉。

「啊？」她睜開眼睛凝視著你，臉色緋紅。

這類情景常在電影中出現，儘管有些好笑，不過效果不錯。

2. 沉默後的抬頭瞬間

一陣沉默之後，兩人同時抬起頭來看對方，這正是行動的大好時機，當對方還未意識到出現了什麼事時，事情已經發生了。

於是，窘境由此突破，接著便是柳暗花明的新階段了。

3. 「吵架」後來點溫柔的吻

要達到親吻的目的，關鍵是要製造某種情勢，讓她自然地順著你鋪好的路走，順勢一鼓作氣行動，不能顧慮太多。

可以製造一次不嚴重的小鬥嘴，在過程中，藉著她罵你「可惡」的當兒，順勢親吻一下。

4. 在她得意忘形時

趁著她哈哈大笑時，將手搭在她的肩上，然後等她笑得得意忘形時，趕快偷親一口。採用這招最重要的是把握住對方腦中一片空白的當口。

追求異性是快樂而又費神的，雖說「精誠所至，金石為開」，但也要根據環境的變化及時調節思路和做法，以免追悔莫及。

追求女性之時，如何掌握更進一步的藝術呢？看完這一篇，相信你已經有所體會，接下來，就等恰當的時機實踐了。

捕獲芳心，從貼近內心開始

 女性一般都比較敏感，容易受傷害。內心深處，渴望得到關懷、體貼、保護，希望別人尊重她、瞭解她。

兩性在身心方面存在著許多差異，彼此戀愛過程中所使用的方法和應該把握的分寸，也有很大不同。

如果你想捕獲女人的芳心，必須首先瞭解女性的內心世界，讓「丘比特之箭」瞄準對方，做到「一箭穿心」。

• 女性如何看自己

外貌，一向是女性自我認識的敏感點，無論是正妹還是恐龍妹，都很注重自己的長相是否符合審美標準。

到了年紀稍長，經濟獨立能力的女性，經歷了關心外在美到注重內在涵養的成熟過程，外在的青春氣息和不斷地充實的內在涵養，使她們在這個階段很容易得到異性的青睞，經濟的穩定更增添了自信。因此，這個階段的女性會充分施展自身的魅力，甚至是高傲的。

• 女性這樣看男性

調查顯示：女性選擇男性的第一標準，是才智，其次是良好的教育程度，優雅的舉止、良好的談吐，是男人吸引女性的關鍵。

第三，是要有上進心。有上進心，有責任感，才能在事業上獲得成功，得到女性的青睞。一般的女性都看不起舉止粗俗、毫無進取心、輕佻下流的男人。

• **女性愛情婚姻觀**

每個女性心中都有自己的「白馬王子」，這是她的夢中情人形象。

但由於各方面的原因，到了婚戀階段，女性會安於現狀，或遷就實際情況，擇偶的首要考量，在於對方能在經濟上為自己提供「安全保障」，即使自己不那樣愛對方。

• **誇她漂亮，較能得到她的青睞**

女性喜歡別人誇她漂亮，而且永遠不會嫌你的讚美太多。此外，體態、服裝、髮型……等，也都是她們渴望別人讚美的地方。

• **女性希望得到尊重和瞭解**

女性一般都比較敏感，容易受傷害。內心深處，渴望得到關懷、體貼、保護，希望別人尊重她、瞭解她。

尊重她，不吝惜你的付出，你們的感情定會得到昇華。

• **女性喜歡別人留意她的興趣愛好**

如果你的某一愛好正好與她相同，她一定會對你產生強烈的認同感。留意她的興趣，培養共同的愛好，能使感情逐步加深。

• **女性喜歡別人向她傾訴隱衷**

很多女性義無反顧地愛上一個男人，往往是因為她發現他也

有脆弱的一面，他也需要她的撫慰。

自然地流露出自己的隱衷，對這樣的男人，女性不僅深感同情，也會更容易地被他征服。

• 女性喜歡別人留意她的細微處

當她穿了件新衣服，你用欣賞的目光注視，並稱讚：「妳今天真美！」她會開心不已。

如果她說喜歡巧克力，某一天你順手從口袋裡拿出一塊巧克力給她，她定會感動不已，認為你時時將她放在心上，進而產生被認同的滿足感。

這樣一來，你們之間的感情，怎能不越來越深？

• 共同的利益會使女孩容易接受你

女孩都認為，與自己利益相同或觀點一致，並能幫助自己達到某種目的男性，是值得依賴的。對這樣的男性，一般會解除戒備心，產生親近感。

撩妹之前，先把握好自己的心

> 追求女性，方法固然重要，心態更加重要。
> 二者緊密結合，就一定會擦出值得珍惜的愛
> 的火花。

　　渴望愛情是人的本性，但是，當心儀的異性出現在你面前之時，應該如何將她吸到自己身邊呢？

　　能否讓異性接受，和你的外表無關，但與你的心理素質絕對有關。調整好你的心態，恰到好處地把握示愛的分寸，是追求異性的前提。

　　• 主動與她攀談

　　有的男性因害怕遭到拒絕，根本不敢主動接近女性，這點非常可惜。事實上，大多數女性內心都渴望男人主動接近她，大方地與她攀談。

　　雖然有的女孩子表面會裝出一副不屑的樣子，其實內心卻早已萌動，就等著你採取行動。

　　• 真誠而恰到好處地讚美

　　她表現出願意和你交談的態度，說明她對你並不反感。這時，你可以真誠而又恰到好處地讚美她。

　　讚美時，既要表現得坦率真誠，又要把握好分寸，做到恰到

好處。讚美得太超過，會讓人感到肉麻，「不痛不癢」則起不到應有的效果，至於輕浮低級則是大忌，會使她產生厭惡感。

• 表現你溫柔的一面

無論是文弱的女孩，還是精明能幹的「女強人」，內心都渴望得到男人溫柔體貼的對待。

溫柔，是捕獲女性芳心的不二法門。無論你是剛剛接近她，還是關係已經穩定下來，只要是發自內心的柔情，都會得到她真心真意的回應。

• 花錢適度可顯風度

女性理想中的丈夫，應該是一個該大方時大方、該節約時節約的男人。這樣的男人會給人穩重踏實的感覺，她會認為，跟你一塊過日子有安全感。

大多數女孩不願和一個奢侈無度的人共度一生，因此即使你十分富有，也用不著揮金如土。相對的，用錢過於摳門、小氣，也會讓女孩心裡不舒服，認為你活像守財奴，缺乏男子漢應有的氣度。

• 不要因為「醜」而自卑

一般來講，女性選擇對象，並不會過分重視對方的長相，才能、進取心才是真正重要的標準。因此，即使你身在「醜男」之列，也無須過分自卑。在她面前施展你的才能，發揮你的長處，她仍可能會對你動心。

• 不要過分殷勤

　　有時，你可能為一個美麗動人的女孩寢食難安，想盡一切辦法要獲取她的芳心。但無論如何，都切忌過分殷勤。你的極盡討好，百依百順，往往會適得其反，更讓她厭惡。

　　• 要有碰壁的心理準備

　　滿懷信心地走近對方，卻遭拒絕時，不要垂頭喪氣。你應該及時調整失敗的心態，冷靜分析原因，總結經驗，擬下一步計劃。

　　你可以再試一次，如果兩人確實不來電，那就放棄吧！記住，天涯何處無芳草，想把正妹，何必擔心沒機會？

　　追求女性，方法固然重要，心態更加重要。二者緊密結合，就一定會擦出值得珍惜的愛的火花。

如何讓自己更具「殺傷力」？

現代男性既要懂得與女性深入發展的技巧，
更要在平時不斷地充實自己的內涵，讓你更
具「殺傷力」。

想順利把到正妹，長得帥不帥並不是重點，重要的是你是否讀懂她的內心，懂不懂她的言行舉止代表什麼意思。男人必須懂得女人的思考模式，與交往對象快樂地交心，明瞭彼此心意，才是愛情開花結果的前提。

當你瞭解了女性的內心世界，對自己的心理也有了較好的把握，那麼，腳踏實地的行動就可以展開了。

一般來說，成熟的未婚女性，都喜歡被人追求的感覺。如果你表現得積極一些，她很容易就會對你產生好感。

約過兩次會之後，確認對方不討厭你，甚至感覺良好，那麼你就應該立即展開熱烈追求攻勢。如果顧慮太多，對方會覺得你沒有勇氣而疏遠。到時候，可就後悔莫及了。

• 邀女性共同進餐應注重格調

女性的思想一般比較浪漫，你跟她尚不熟識時，邀請她共同進餐，應該到比較羅曼蒂克、格調比較高雅的地方，給她留下美好的印象，如此才有利於進一步接觸。

別說我沒提醒你，要是第一次請她吃飯就帶她去路邊攤，那

就不用妄想還有第二次了，等下輩子吧。

- 改變稱呼

稱呼的不同，會使女性感受到不同的心理距離。約會幾次後，你可以試探性地親切稱呼，她會在潛意識裡拉近與你的距離，並逐漸有親暱的行為。

- 在細節上悉心關照

男性光會對女性說些甜言蜜語是遠遠不夠的，還要以實際行動來證明自己的愛意。

女性天生對細節特別在意，一旦覺得你在細節方面考慮得很周到，她會產生安全感。時間長了，就離不開你了。

- 說出與女性外表不符的特徵

女性的戒備心一般比較強，平時會掩飾性格中自己認為是弱點的一面，內心世界一般與外在表現有一定的落差。

女性不希望所有人都瞭解自己，但如果你能令她認為你很瞭解她，就很容易擄獲她的芳心。

- 適當地沉默

許多女性都有一個特徵：跟很多人在一起聊天時十分健談，但單獨跟一位異性聊天，則顯得寡言。

大多數時候，女性不說話，是在觀察男人的舉動。如果你在這種情況下也保持沉默，不表現出不耐煩，會讓女性覺得你十分穩重、不輕浮、有內涵，從而對你另眼相看。

• 保持神秘感

神秘的東西，總是充滿魅力。男性保留神秘感，會引起女性的興趣。

約會時，故意被一通不明身份的電話招走，對自己的過去諱莫如深……等，會讓女性覺得你十分有魅力，進而升起對進一步瞭解的渴望。

• 小小嫉妒心會加深感情

見到令你傾心的女性跟女伴在一起，不妨適當熱情地與她同伴攀談，故意忽略她，令她產生嫉妒心。

當你再與她接觸時，她將主動施展魅力，引起你的注意。

• 當眾示愛

一般女性都在乎別人怎麼看她，並渴望成為眾人讚賞、注目的對象。

當眾向傾慕的女性示愛，她表面上會裝得不以為然，甚至罵你厚臉皮，但心裡實際上非常得意。

現代男性既要懂得與女性深入發展的技巧，更要在平時不斷地充實自己的內涵，讓你的優勢充分展示出來，更具「殺傷力」。

愛，就要大聲說出來

愛上一個人，就不要思前想後、畏首畏尾，
應當把握好時機，鼓起勇氣，一吐為快，也
許對方一直在等待著這一天呢！

愛上一個人，憋在心裡不說，既是難受的，同時也是錯誤的。

如果對方也喜歡你，而你遲遲不把愛意說出來，就可能錯過一份好的機緣。假如對方不喜歡你，而你總是惦記著這份感情，就會陷入單相思之中，既浪費時間，又浪費感情。

愛情的道路上沒有對與錯，無論結果如何，都要將愛說出口，即使遭到拒絕，也不是什麼丟臉的事情。愛與不愛，都很正常。

有一個這樣的愛情笑話：

一對青梅竹馬的年輕人在野外散步。女孩含情脈脈地說：「你知道嗎？聽人說，如果男人的臂長等於女人的腰圍，他們就能成為夫妻。」

男孩搖搖頭說：「這個我不知道。」

女孩見他無動於衷，又說：「真不知道誰的臂長跟我的腰圍等長？」

這男孩有夠呆，竟聽不出女孩的言外之意，反而要找一條繩子，為她量量腰圍。事實上，他心裡早已動了情，可是每次都不懂女孩的暗示，還以為她只是像小時候那樣頑皮。

　　這，就是不能把愛說出口的悲哀。很可能會使你失去一個心儀已久的戀人，一次擁有美好愛情的機會。

　　另一個故事是，有一個小夥子，愛上了鄰近的一位年輕女性，經過無數次掙扎之後，終於決定上門求婚。

　　在路上，他卻患得患失：「求婚可不是件容易事啊！她對我真的有意嗎？從以前的接觸來說，似乎對自己有點意思，但是她從來沒明說過，說不定只是一時的熱情，又有誰能瞭解一個女孩子內心深處的想法呢？不是說，女人心，海底針嗎？再說了，又有誰能保證，那不是我因單相思而產生的錯覺？」

　　小夥子猶豫起來，停下了腳步。

　　他又考慮到了她的父母、姐妹們會出現的反應。想到這裡，越來越心虛，終於失去勇氣，轉頭走回來路。

　　深愛著一個人，卻瞻前顧後，連表白的勇氣都沒有，實在太沒出息。這樣的男人，無法得到渴慕的愛情。

　　愛上一個人，就不要思前想後、畏首畏尾，應當把握好時機，鼓起勇氣，撩動對方的心，也許對方一直在等待著這一天呢！假如她接受，你就收穫了一份感情；她若拒絕，你也可以早些斬斷情絲，另尋真愛。

　　愛，就要大聲說出來。

非言語溝通，照樣立大功

 若與戀人的溝通達不到理想狀態，不妨嘗試
一下非語言溝通方式。情書與信物，是語言
溝通的最佳彌補。

　　戀愛，既可用語言溝通，也可用非語言溝通。語言溝通與非語言溝通各有所長，運用得當，可以產生互補的效果。

　　非語言溝通利用得好，能有效促進感情的進展。

　　情書，是非語言溝通必不可少的工具。它的好處在於，不僅能表達示愛者的心聲，還能說出語言溝通方式不便表達的話。恰到好處地利用情書來表達心聲，十分必要。

　　性格內向、含蓄的人，可以採用情書的形式來進行愛的溝通，它同樣能有效引起對方的情感共鳴，使雙方達到心靈相通的目的。

　　求愛的時候，用情書投石問路、表達心意，最合適不過。初涉愛河時，情書往來可以加深瞭解與感情交流，使感情更快進入高潮階段。對方生氣時，充滿歉意與真誠的情書，往往能很好地化解矛盾，使兩人儘快言歸於好。對方心情不佳時，通過情書的方式給予安慰、勸導，最能令人感到寬慰。

　　戀愛中的人，本身都有自己的事情，可能會有暫時的分別。如果關係還未牢固，一方就可能產生焦急、擔心的情緒，怕因為

小別而使關係淡漠下來。也或者雙方熱戀得難捨難離，感情脆弱的一方無法接受暫時的離別。這時，寫一封情書，十分有效。

當愛情發生危機時，一封感情真摯的情書更可能幫你平安渡過，挽救愛情，重新揚帆。

戀愛中的非語言溝通，除了情書來往，還有一種非常重要的方式——用信物來表達愛意。

信物，是彼此忠於愛情、永遠相愛的象徵。

互贈禮物，是戀愛中的人不可或缺的，這種禮節自古就有，以信物定情，可以說是一種最經典的表示愛情的方式。

時至今日，情侶之間互贈的信物，內容更是豐富。

信物的選擇，不在於華麗的外觀，也不在於價值連城，而在於能凝聚著自己的深情，能代表自己一顆赤誠之心，讓忠貞的愛情與美好的祝願，陪伴在戀人的身邊。

向戀人贈送信物，完全不必拘泥於形式。最重要的是，說明信物的來歷，以及與自己的特殊關係，讓對方既明白信物「重」在哪裡，又有什麼意義，如此便能真正領悟到你的良苦用心。

愛情是兩個人之間的事，如果對方已經用信物表明心跡，收到的你，也應有所表示。此時，應該向戀人回贈信物。這既是出於尊重，更象徵了心靈的溝通，足以使你們的愛情更牢固，感情進一步昇華。

戀愛中的青年男女，若與戀人的溝通達不到理想狀態，不妨嘗試一下寫情書與送信物的非語言溝通方式。

情書與信物的有效利用，是語言溝通的最佳彌補。

友情與愛情，可別傻傻地分不清

 與異性相處，先分清雙方的關係，到底是友情還是愛情？分清了，就能找到準確的行為方式，進行感情溝通。

不少人都曾因為分不清友情和愛情而苦惱。

領悟不到對方的示意，或誤解對方的心意，都是不好的。為了避免產生誤解、發生誤會，一定要掌握分別友情和愛情的方法。

對於友情與愛情的區別，日本一位心理學者提出了五個指標，或許你可以從中領會你和對方正在發展的感情，到底是友情還是愛情。

· 前提不同

友誼的前提是「理解」，愛情則是「感情」。

友情最重要的支柱，是彼此相互瞭解，不僅是對方的長處、優點，就是短處、缺點也要充分認清。愛情則不然，一開始是對對方的美化，貫穿全部過程的則是感情。

· 要求不同

在友情中雙方的地位「平等」，愛情卻要求「一體化」。

朋友之間立場相同、地位平等，彼此之間無須多餘的客氣，也沒有患得患失的擔憂。如果遇到對朋友不利的事情，可以直率

地提出忠告。

愛情則不然，它具有一體感，身體雖二，心卻為一，兩者不是互相碰擊，而是互相融合。

• 規則不同

友情是「開放的」，愛情則是「封閉的」。

處於友誼關係中的雙方，都不會在乎對方正與什麼樣的人交往，能坦然自在地相處，而且以開放的態度接納對方的朋友。

處於戀愛階段的雙方，則會對一方與別的異性有親密接觸而產生煩惱、嫉妒、不安、苦澀。戀愛，使人產生排他性。

• 基礎不同

友情的基礎是「信賴」，愛情則纏繞著「不安」。

一份真誠的友情，具有絕對的信賴感，猶如不會動搖的磐石。相反的，一對相愛的男女，儘管信賴對方，但仍免不了被種種不安包圍，比如：「我深深地愛著她，她是否也深深地愛著我？」「她的態度稍微變了，是不是還和以前一樣地愛著我？」

• 期望不同

友情充滿「充足感」，愛情則充滿「欠缺感」。

當兩個人是親密的好朋友時，彼此都有滿足的心境。但是當兩個人成為情人，雖然初期會有一時的充足感，但不久之後，就會生出不滿足感，總希望有更強烈的保證，經常有一種「莫名的欠缺」尾隨著，引發著急的感覺。

掌握這些差別，你就可以區別，存在對方和你之間的，是友

情還是愛情？

　　假如你在對方面前，表現出越過友情的親密行為，對方沒有任何不自然的表示和反應，那雙方的感情很快會轉變成愛情。假如對你試探性的語言和行為，她無動於衷，表現得滿不在乎，更沒有絲毫緊張和不自然，那她對你的情感，多半停留在友情程度。

　　每個人都不可避免要與異性相處，得先分清雙方的關係，到底是友情還是愛情？

　　分清了，就能找到準確的行為方式，進行感情溝通。否則，很容易產生誤解，造成遺憾和誤會。

PART 2.

別讓愛意悶在心裡

向心上人表達愛意，
是一種最甜蜜、最傷神，
也最微妙的情感活動，
要做到大膽主動、鍥而不捨。

別讓愛意悶在心裡

向心上人表達愛意，是一種最甜蜜、最傷神，也最微妙的情感活動，要做到大膽主動、鍥而不捨。

碰到理想的心上人，卻苦於不知道該如何表達，這是不少男性經常碰到的難題。既羞於向人求教，更擔心「流水有意，落花無情」，只好讓愛意悶在心裡，自己著急、苦惱。

其實，向愛慕的人表達愛情的方式非常多，可謂五花八門。細心觀察，及時捕捉愛的靈犀，一定能找到恰如其分的時機和方法。

以下有八種方法，提供給身陷愛情困擾中的男人們參考。

• 郵件傳情法

如果你真的很害羞，就將感情寄託於郵件吧！既可以和被愛的人交流想法、感情，表達愛意，又能避免當面示愛的羞怯、緊張和難為情。

別以為這是落伍的方法，事實上，現代年輕人傳情遞愛、表達愛意時，仍相當喜歡和習慣使用。

郵件中使用的的文字，最好含蓄、委婉，或是帶點幽默，儘量不要使用太過熱烈滾燙的詞句，以免引起對方的厭惡，或造成自身品味欠佳的壞印象。

情書的撰寫，往往能表現出情趣、才華和修養。

• 故弄玄虛法

當年輕男女對彼此的感情發展到執著階段，可以刻意製造懸念，在對方心中樹立一個虛構的「第三者」，造成欲割難捨的緊張、矛盾心態，然後突然使對方恍然大悟，一切全為子虛烏有，將愛情推向更新的深度。

馬克思向戀人燕妮表白時，就使用了這種方法。

他對燕妮說：「燕妮，我已經愛上一個人，決定向她表白。」

燕妮心裡一直戀慕著馬克思，也以為彼此心照不宣，聽到這番話不由得一愣，繼而急切地問：「你愛她嗎？」

「愛她，她是我遇見過的女孩中最好的一個，我永遠從心底愛她。」

燕妮強忍住感情波動，平靜地說：「祝你幸福！」

馬克思風趣地說：「我身邊還帶著她的照片，妳想看看嗎？」說著，遞給燕妮一只精緻的小匣子。

燕妮惴惴不安地打開，看到一面小鏡子，鏡子裡映出的正是她本人。

馬克思有意在情感上掀起波瀾，製造緊張局勢，讓也同樣深愛他的燕妮在驚訝中誤以為他另有所愛。一場虛驚，卻是表達愛情的獨特技巧。

• 寓物言情法

若雙方的心思都已經很清楚，但怯於直接向對方表達，不妨選擇一件寓意深遠的禮物送上，表達自己的愛意。

在含蓄的基礎上，增添一份浪漫情調，是這種方法的特點。

寓物言情，不僅別出心裁，更顯得浪漫、恆久，相信任何一個被丘比特之箭射中的女孩都會欣然接受。

• 日久生情法

對於自己喜歡的某個女孩，並不直接表露愛慕之情，而是想方設法地接近，儘量找藉口和她相處。在不斷互動的過程中，悄悄地將情感傳遞出去，如細雨般慢慢滋潤她的心靈。

這種方式需要長時間的經營，可一旦生效，將是最穩固的。

如果心儀的女孩領悟力比較強，不妨嘗試不露聲色地將情感若隱若現地包裹在彼此的談話中，使她不經意中察覺到這份感情，更覺神秘與甜蜜。

• 直抒胸臆法

有些人表達愛意十分簡明、直率，不虛偽造作，大膽且毫無保留。

對於相處時間比較長，已然培養出一定的感情基礎，或者兩個人早就暗地裡互相傾慕，只差最後確認的雙方來說，用直抒胸臆法表達愛意是一件很省力，且別有趣味的方式。

列寧向克魯普斯卡雅求愛時，就直截了當地說：「請做我的妻子吧！」

一直愛慕列寧的克魯普斯卡雅，也回答得相當乾脆：「有什麼辦法呢？那就這樣吧！」

言簡意賅、感情誠摯、態度誠懇，足以展現令人以難以拒絕的力量。

• 借題發揮法

巧妙地將情感蘊含在並不直露的言語中，借用某件事物或人物，把綿綿之情傳遞出去，讓對方體驗當中的柔情蜜意。

生性害羞的人，不妨試試這一招。

• 渴求進攻法

有時，彼此付出的感情濃度不同，情感發展不能同步，會陷入困境中。與其為此痛苦，不如選擇以大膽進攻的態勢散發熾熱的感情，衝破對方緊閉或微啓的心扉，冀求兩心相許。

• 詼諧幽默法

將神聖的愛情寓於俏皮逗趣的談笑中，讓對方不知不覺地體會你的心思。幽默情境可讓告白既不顯得羞怯，也不至於落得難堪場面。

要是彼此明明心有期許，卻又飄忽不定、猶豫不決，其中一方便可借助某種氛圍或情境的烘托，將愛情推向白熱化。

向心上人表達愛意，是一種最甜蜜、最傷神，也最微妙的情感活動。

過程中，要把握好自己的立場與角色，掌握住雙方的情感濃度，做到大膽主動、鍥而不捨，如此才有機會摘下甜蜜的果實。

大膽邀約，才有成功的機會

 緊張、膽怯、羞赧、惶恐等情緒，絕對不能流露出來，否則會引起意中人的不安，對你的印象自然大打折扣。

　　英國詩人作家丁尼生曾說：「寧願愛過而失去，也不要從未愛過。」

　　很多男人因為怕遭到女人拒絕，遲遲不敢向對方表達愛慕之意，也不敢邀約對方，但是這些不敢將愛意展現出來的男人，往往沒有想到，或許就在退縮的瞬間，真愛就和自己擦身而過。

　　與其還沒有愛過就失去，還不如提起勇氣，勇敢將愛說出口，就算遭到對方拒絕，至少也比沒說出口造成遺憾好上許多。

　　向戀人發出邀約，原本是為了增進彼此的了解，深化雙方的感情，可說是一件順理成章的事，然而對有些內向的人來說，卻是十分困難。

　　以下兩種邀約方式，提供給總是迷惘著不知該如何向意中人提出約會邀請的男人參考。

　　• 撥開雲霧，熾情相邀

　　情場如戰場，兵不厭詐。

　　撥開對方施放的「迷霧」，才能察覺背後的真情。

　　女孩子面對男孩子的約會邀請，往往以「我很忙」、「我沒

有時間」來搪塞。如果你傻乎乎地輕信，恐怕會永遠失去與她約會的機會。

事實上，這句最常用的「很忙」，除了慣性的謊言之外，也隱含著另外一層積極性的企圖。

女孩即使閒著沒事，也會用「很忙」來引起男性的注意力，並以此試探對方對自己的情感深度和追求愛情的決心。

不妨用一個實例來說明：

男人打電話邀請女朋友說：「明天晚上我請妳吃飯，如何？」

她卻拒絕：「不行，這個禮拜我每天都要加班，沒有空。」

假如此時男生輕易地回答：「那真是太遺憾了！好吧！等妳有空了，我再約妳好了。」結果會如何？

女方肯定會對這種態度表示失望，因為她從男方的言語中感覺到，原來對方那麼沒誠意。

其實，女人這時候最希望聽到的回答是：「能不能多少擠出一點時間陪陪我？吃完飯我再陪妳加班，好嗎？妳不知道我多麼想妳啊！」

一般來說，女人大多喜歡以男人付出到何種程度的誠意，來衡量愛情的深度。柔性地「強迫」女朋友擠出時間約會，正表示了情感的深厚、強烈。

即使她真的天天都需要加班，也會在有意無意中發出暗示：「雖然很忙，但看在你很想和我在一起的份上，我願意稍微抽出時間來約會。」

• 神情灑脫，大膽相邀

現實生活中，最普遍使用的邀約方式，是當面口頭邀約，因為這樣能馬上得到準確的答覆。

可是這麼做也有問題，若生性內向，或相處時間還不夠長，當面口頭邀約，難免會由於心情緊張，導致邀約的效果大打折扣。

其實，無論使用哪種說話模式，只要大膽、有勇氣且信心十足，表達就會較為流暢，神情也會更加自然。即使內心感到緊張，也不可表露出來，否則會引起對方的不安，對你的印象大打折扣。

提出邀請時，應當排除緊張、膽怯、羞赧、惶恐等情緒。縱使遭到拒絕，也不可因此顯得茫然失措。

誠懇、積極的態度，可以讓你順利進入情境，是求愛的成功捷徑。

自卑心態，只會讓愛情遭受阻礙

感情幸福與否，並不是由所謂的「匹配」來
決定，只要真心誠意，又何苦為了彼此條件
的差距而感到自卑？

很多宅男都有一種心理傾向——自卑。

自卑，是指一個人由於生理上的缺陷，或是某些心理缺陷，
例如對智力、記憶力、判斷力、氣質、容貌……等等不滿意，從
而生出的自我輕視、認為自己在某些方面不如他人的心理。

自卑，意味著性格軟弱，也意味著容易坐失大好機會，使愛
情遭受挫折。

在情感的世界裡，我們不難發現這樣的現象：有些年輕男孩
原本很有主見，對生活、學習、工作中的種種問題，都有自己的
見解，但與愛戀的對象在一起之後就變了，不是有話想說卻難以
表達，就是唯唯諾諾地勉強同意其實不贊同的觀點，因此失去自
我的魅力和特質。

有的人為了得到傾心的人青睞而一味奉承、迎合，大唱讚歌；
有的人唯恐失去對方，處處小心謹慎。

以上這些情況，都顯示了戀愛中的自卑情緒，對兩人戀情的
發展極為不利。

窩在家裡唉聲歎氣的人不可能擁有愛情，相對的，精神上的

渺小只會讓愛情望而卻步。

追求愛情不等於拋棄自我，有時只要稍微表現出高尚、勇敢、意志力，以及聰穎、自尊的行動，就能喚起對方的好感，讓自卑的冰塊融化，讓愛萌芽。

懷有自卑心態的一方，往往患得串失，生怕失去對方，結果反因此失去自我，造成事與願違的反效果。

男人自卑心態的產生，主要是由於對等觀念作祟。

所謂對等觀念，無非是根據對自身條件，要求對方的條件與自己相當。如果對方的條件比自己還要高，就有可能產生自卑感。

邁入二十一世紀，選擇情感條件對等的觀念仍然繼續沿襲，例如有人會要求年齡、身高、外型……等方面對等，有的人則是要求職業或成就上對等。

不過，愛神從不會只遵循某種慣例，異性間的吸引也不會只源自同一個愛的元素，更不會永遠只有一種模式。

有些人們看來極不匹配的一對，卻彼此來電，過得幸福美滿；人們眼中的天生一對，反而鬧得不歡而散。

自卑的心態，只會讓愛情遭受阻礙。感情的幸福與否，不是由所謂的「匹配」來決定，只要真心誠意，又何苦為了彼此地位、金錢、容貌……等等的差距而感到自卑？

做好準備，愛情才不會漏接

打從心底裡渴望有個伴侶在自己身邊，與自
己共同分享喧鬧的白天和寂靜的夜晚。這，
就是播下愛情種子的最佳時間。

通常還沒開始就已經結束的愛情，癥結往往出在未能及時向
對方表達自己愛意，因此，如果你有了愛慕的對象，或是想找個
女性談場戀愛，就要放下患得患失的心理，鼓起勇氣，發揮自己
的魅力。

當然，事先你要做好準備，認清對方的性情，掌握最佳時機，
採取最好的方式，千萬不要太過急躁。

上帝很聰明，知道如果沒有女人，這個世界的男人一定會很
寂寞，便從亞當身上抽下一根肋骨，創造了夏娃。

作家也很聰明，知道如果沒有女主角，故事一定沒有人愛看，
便在作品裡寫下許多栩栩如生、各具神采的女性，使讀者為之驚
嘆。不僅如此，他們創造出來的許多男女之間的愛情故事，更深
深地影響著現實生活中的男女。

於是，這些被感染、被陶醉、被俘虜、被點化的男女們，為
尋找到真正的愛人，開始歷經諸多艱辛的過程。

然而，尋找一份真正的愛情，不是一件容易的事。

人往往得為此備受折磨，歷盡坎坷，花費生命裡許許多多歲

月，甚至付出人生中的寶貴青春。但是，當真正的愛情降臨時，卻又往往認不出它。

幸好，我們能把握一個尋找愛情的關鍵——愛情最佳時間。

過去，你總是自詡一個人逍遙自在、無牽無掛地獨來獨往，但有一天，當身邊的朋友們紛紛從「單身別墅」離去，你只能獨自窩在家裡，環視著室內的一片狼藉，吸著滿屋的烏煙瘴氣，難免會感到前所未有的孤獨，打從心底裡渴望有個伴侶在自己身邊，與自己共同分享喧鬧的白天和寂靜的夜晚。

這，就是播下愛情種子的最佳時間。

所謂的最佳時間，還指你的生活已經安定下來，有暇顧及自己的情感生活，不再擔心戀愛會耽誤工作，情人的出現會成為情感上的負累，相反的，還覺得生活裡只有工作遠遠不夠，期望用愛情來充實。

這時候，你必須做好各種準備，然後從人際互動中，學會以正確的方式捕捉愛情訊息，辨別誰是值得你愛的人，還學會真心誠意地與對方交往。

選在最佳的時間點出動愛情雷達，搜尋到真愛的機會就能大大地提升，不會再輕易漏接難得的戀愛機會。

學會解讀女人的心思

面對來自女性世界的語言，應適時運用反其道而思的逆向思維。既然女人喜歡正話反說，男人何不將反話正面會意？

與異性交往時，如果你單純地從對方的言語淺層解讀，那就大錯特錯了。

你必須多長幾個心眼，從其他方面切入，認真思考問題，捕捉女人習慣透過語言表達的某種言外之意。

聰明的男人，必須悟出言語之中的真正內涵，領會話中的真情實意。

有個女孩，常常打電話向自己的男朋友訴說：「我最近真的很忙，實在沒辦法跟你見面。」

如果你是那個男人，你會相信她的話嗎？

如果相信，你可真是個大傻瓜！

試想，如果她真的那麼忙，怎麼會有時間打電話向你訴苦呢？

許多女孩會在自己最無聊的時候，向喜歡的男孩子說自己很忙；在沒有別的約會時，說自己的約會多得無法抽身。

她的真正用意，是想藉著這種方法吸引你的注意。

如果你沒有悟出她的真實意圖，只順著她的話說：「啊！實

在可惜，那只好等以後再說了。」她一定會大失所望。

其實，她這麼對你說之後，最盼望聽到的回答是：「真的那麼忙嗎？能不能多少抽出一點時間給我？」

不要懷疑，這正是女孩子用來驗證你愛她究竟有多深，你對她是否真心誠意的測驗方法之一。她認為，如果你對她真的有心，那麼不管她有多忙碌，仍會希望她抽出時間赴約。

當女孩向你訴說她有多麼忙碌，實際上是在暗示：「我雖然很忙，可如果你真的想約，我還是可以硬擠出時間赴約的。」

情場如戰場，男女之間的應對，就像心理攻防戰。

切記，「兵不厭詐」。對於來自女性世界的語言，應適時運用反其道而思的逆向思維方式。

既然女人喜歡正話反說，男人何不將反話正面會意？

這麼一來，更可以成功地解讀女人的心思！

心動，就要採取實際行動

男人，應該敢想敢愛，用確切的行動表現愛
意。女人最瞧不起的，就是想愛又不敢愛、
不敢愛又偏生愛的男人。

如果你嚮往愛情，首先得要求自己活得像個男人，再者積極
採取行動，不要成天窩在電腦前當宅男。

一個真正的男人，可以沒有強壯的身材和帥氣的外貌，但是，
不能沒有強烈的事業心，以及不可動搖、不可推卸的責任感和義
務感。

在女人面前，男人應該是一棵不畏強風暴雨的大樹，為心愛
的人遮風避雨；他應該是一片寧靜的港灣，能讓心愛的人依偎在
寬厚、溫暖的懷抱裡，不再受到惡夢的襲擊。

他應該是生活的強者，當厄運突然降臨時，能勇敢地正視現
實，義無反顧地為所愛的人撐起一片天。

見到心儀的對象，應該有勇氣果斷且及時地採取追求行動，
而不是優柔寡斷，舉棋不定。

當感情觸礁時，應該先反省一下自己，盡可能不要輕易摧毀
它。應該先思考自己承擔的責任，而不是輕率地分手或離婚。

男人，應該敢想敢愛，用確切的行動表現愛意。

女人最瞧不起的，就是想愛又不敢愛、不敢愛又偏生愛、渴

望愛又怕負責任的男人。

　　無論是受世人矚目的參天大樹，還是沒沒無聞的小草，一個有擔當的男人，都應該讓自己充滿熱情和活力。

　　成天窩在家裡，不會有女生願意接近你。

　　生活漫不經心、容易不耐煩、動輒大發雷霆、貪圖安逸享受的男人，也不可能為心愛的人帶來幸福，很顯然無法成為一個好情人、好丈夫。

戀愛如下棋，必須真心誠意

> 戀愛如棋，無論結局究竟是誰勝誰負、孰好孰壞，唯一不變的定律是——真心誠意地走出每一步。

喜歡下棋的人很多，不管是象棋、圍棋，對弈者往往全神貫注，步步為營。其實，下棋的過程與戀愛頗為相似。

戀愛就像下棋，對弈的永遠是一男一女。兩個人從陌生到相識，就是在茫茫人海中尋覓對手的過程。當男女雙方視彼此為戀人，對弈就正式拉開帷幕。

男人的第一步棋，就是討女人歡心，確定自己的地位；女人的第一步棋，則是向所愛的人展示自己獨特的魅力。

經過多次的反覆較量，彼此逐漸摸熟對方的棋路，一方開始主導進攻，從奴隸晉升到將軍，另一方相對地轉攻為守，從主人變成僕人。

有一幅漫畫，極其生動地表現了男女心態的變化：原本是一個男人在晴天打著傘去追女人，後來變成一個女人抱著孩子追趕著打傘的男人。

這就是愛情這盤棋的演進。

對弈的過程中，有的女人往往故意讓男人一招，然後乘其洋

洋得意之時，瞅準時機，將男人置於死地；有的男人則擅長裝糊塗，然後趁女方放鬆警惕時奮力出擊。較量的過程，磨練出成功的男人和女人。

男女搏弈的過程中，往往會發生戲劇性的變化。例如，男人想征服女人，卻稍不留神成了手下敗將；女人想輸掉一局時，卻無意地佔盡明顯的優勢。

有人相信智慧，認為如何下好愛情這盤棋至關重要，成敗取決於自己。有人則相信命運，認為是勝是敗都無法預測。

每一個人，都無法避免或逃避這場互動頻繁的兩性戰爭。

身處戰場中，愚蠢者想速戰速決，聰明者則力求持久戰。你來我往的交戰中，相濡以沫的男女最終會走向和棋。

戀愛如棋，無論結局究竟是誰勝誰負、孰好孰壞，唯一不變的定律是——真心誠意地走出每一步。

傾訴，加深愛情濃度

 感情，需要不斷地發展、深化，而這種發展、深化，必須透過許多生活小事進行，於細微處見精神。

兩性作家安潔莉娜・裘莉曾經說：「真正的愛情並不是為了找到最完美的人，而是為了學會用對的方式去愛不完美的人。」

一段成功的戀情，不只是要找到對的人，更重要的是必須懂得用對方式去愛你想愛的人。

因此，如果你想讓自己的愛情有個完美的結果，就必須在愛情受挫之際，適時地調整自己的心態與方式。

許多人都覺得，與戀人交往越久，越來越沒話可說。

兩性專家說，會造成這種現象，第一種因素是因為他們沒有把對方當做自己的傾訴對象。

若是兩人交談的內容侷限在日常生活、家庭瑣事，忽視精神領域的交流，時間長了，當然就感到越來越沒話說。

畢竟，家裡的事就只有那麼多，真正永遠說不完的，是隨時隨地而生的想法和心情。只要把戀人當作知己，當成傾訴的對象，就會有說不完的話題。

第二種導致無話可說的原因，是處理男女關係太隨意。

　　男女關係是人際相處中最重要、最複雜的關係，卻被許多人忽略，認為戀人之間哪還需要講什麼繁文縟節？

　　有的男人與同事、朋友談話，還會注意些分寸和態度，與女朋友說話就直來直往，不管對方愛不愛聽，甚至故意唱反調，話一出口就吵架。

　　如此，兩個人為了少生閒氣，自然也就越來越沒話說。

　　許多男人正是因為和女朋友的交流不夠，熱戀期一過，就漸漸由沒話說到冷漠，直到情感破裂。

　　再一種阻礙感情交流的原因，是兩人的思想、修養、生活情趣產生差距。

　　好比兩條下山的小溪，起初是相攜相伴，還能淙淙交響，漸漸的，一條流得快，一條流得慢，處在不同層次上，失去了共鳴的條件。

　　男女相處是一門藝術，幾乎包括了人生所有的經驗，既表露出先天的秉性，又少不了後天的修養。

　　當某一方為另一方做了事，得到讚賞和感謝，可稱之互酬行為。互酬行為是人際關係中的普遍現象，在戀人之間也不可少。

　　這種關係應該永遠是「雙向」的，不是「單向」的。如果只是一頭熱，必定不能長久且良好地維持下去。

　　當然，施恩不圖報、做好事不求表揚的人一直都有，互酬行為也不是市儈式的等價交換，但是，有來有往，總是人之常情。

　　男女關係是最親密的關係，也正因為親密，日子久了，有人就無所謂了，逐漸缺乏互酬行為，或是根本不注意，這是不正確

的。長此以往，感情就會產生裂痕，至少會感到在一起過得不是那麼有味道。

男女間的互酬行為，表現在精神和物質兩個方面。

在精神方面，如果對方為自己做了一件事，一定要表示謝意，有親暱的動作，也該做出反應。有時，點點頭、微笑，也是一種互酬行為。在物質方面，互贈一些小禮物是不錯的選擇。

感情，需要不斷地發展、深化，而這種發展、深化，必須透過許多生活小事進行，於細微處見精神。互酬行為，正是細微小事的具體表現。

「細節決定一切」，將這句話放在情感經營上，同樣適用。

多溝通，愛得更輕鬆

性格、習慣不是一朝一夕就能改變，需要在
生活中培養默契，只有彼此能夠理解又不傷
感情，才能和睦相處，生活幸福。

每個人都有自己獨特的生活環境，經歷、閱歷、文化程度，
所處的地位也不盡相同。

因此，開始親密交往後，很可能因一些不同的生活習慣造成
口角，使彼此關係緊張，甚至感情破裂，分道揚鑣。

應該如何調適戀人間的不同習慣呢？

• 注意調整看問題的方法和角度

經過觀察，我們不難發現，男女之間發生爭吵，往往是由於
對某件事物看法不同，而不在於對方的行為本身。

與其無謂爭吵，不如拿出雅量，尊重對方的興趣、愛好，包
括看法、意見。出現分歧時，應該對事物、事情進行客觀的分析，
使雙方對問題的評定或看法逐漸趨於一致，促進感情深化。

• 努力學會揚長避短

不少男女在選擇交往對象時，常常把性格相近視為條件之一，
殊不知，性格、脾氣相近的異性，多半會相互排斥。

如果雙方都是爭強好勝、脾氣倔強的人，很容易發生口角。

倒不如彼此長短互補，相得益彰。

　　當然，人的性格、習慣不是一朝一夕就能改變，需要在生活中培養默契，只有彼此能夠理解又不傷感情，才能和睦相處，生活幸福。

　　• 不要把自己的意志強加於人

　　人的性格、習慣、脾氣、秉性，都是長期養成的，很難改變。單方面地試圖把自己的生活習慣強加給對方，不但不會達到預期的效果，反而會使彼此的矛盾惡化。

　　有些無關緊要的習慣，可以慢慢適應，不必強要對方改變。如果你認為對方的習慣確實不好，有改的必要（如吸煙、酗酒），那就選擇雙方心情都好的時候進行協商。

　　對於比較難改的習慣，要反覆地、心平氣和地商談，直到對方願意努力改正為止。

　　無論對方的不良習慣是輕是重，都不要把對方看作懷有惡意，故意與自己過不去。其實，大多數習慣都只是無意識的行為，沒有那麼嚴重。

　　相互理解，彼此謙讓，就會化解矛盾，增進感情。

PART
3.

順著情景表達你的感情

藉景托情可以有效強化「情」的力量，
並讓甜言蜜語更顯得真實可信，
如果你還遲遲尋不著突破口，
這種方式值得一試。

言外之意透漏女人的內心秘密

 女性對於愛情中的許多不方便直說的事情，
往往喜歡換一個角度，含蓄地表現出來。

如果你想戀愛成功，那麼如何「聽懂對方的話」，絕對是必修的一門學分。

語言裡往往隱藏著許多秘密，尤其是女孩子的話語，更要用心傾聽，才能捕捉其中的深意。

想追求心儀的女性，隨時留意並及時領會她的言外之意，可以避免跌入泥淖，更順利地與對方交往。

那麼，該怎麼做才能準確、及時地領會女孩子的言外之意？以下有三大準則，只要練就這些本領，就算你是宅男，也能順利把到正妹。

• 聽音品味

每個人由於長期的習慣，都會形成固定的聲音模式。但是，當情感發生變化之時，發音器官便會受到影響，聲音必然不同於平時。

同樣的一句話，以不同的聲調語氣表現出來，涵義就不一樣。有時候，甚至可能完全相反。

人的聲調語氣，一般在激動時簡短而快速，憂愁時緩慢且虛

弱，高興時則顯得相當洪量。所以，我們才都有這樣的經驗：接起電話，才剛開始交談，就知道對方當時的情緒如何。

當一個人生氣之時，可能會大聲吼叫，相反地，「輕聲細語」、「嗚咽哭泣」、「有氣無力」、「吞吞吐吐」……等，則反映了另外的多種情緒。

時時聽音品味，就能察覺聲調中的異常因素，調整自己的應對方式。

• 察言觀色

男女之間，根據親密程度的差異，會使用不同形式的語句，由此也可以製造出言外之意。

所謂察言觀色，就是根據語句的構成形式和說話人當時的神色，察覺出這些話的弦外之音。

一般情況下，語句的表達形式會與談話雙方的感情和神色相協調。同樣一個意思，可以用肯定句、否定句、感嘆句、假設句、反意句……等等許多的形式表達。使用哪一種形式，是依據當時的情感熱度、心情變化而決定，會與感情、神色相協調。

如果出現不協調的現象，那就表示她可能藏著言外之意。察言觀色的關鍵，就在於發覺不協調因素，從中辨察她說這些話的真實意思。

• 辨義思情

由於天性中的矜持與羞澀，女性對意中人的情感表達，往往並不直接。

女性對於愛情中許多不方便直說的事情，往往喜歡換一個角度，含蓄地表現出來。辨義思情，就是要及時抓住這個關鍵，發

現其中的異常因素，並進一步分析出言語中的弦外之音。

　　破解女性表達情意的弦外之音的方法有很多，關鍵在於時時用心、留意，不斷累積經驗。

　　弦外之音聽多了，分析透徹了，自然也就學會了即時翻譯，能達到「心有靈犀一點通」的理想境界。

　　這麼一來，即使你是宅男，也能順利將正妹把到手。

硬著頭皮，說出甜言蜜語

 誇張式的甜言蜜語，目的在於打動對方，加強言語的力量，並不只求形式上的浮艷，所以必須選擇恰當時機謹慎使用，以免弄巧成拙。

追求女性的最高指導原則就是「臉皮要厚，嘴巴敢說」。

如果你不厚著臉皮走到對方面前，如果你不硬著頭皮說些甜言蜜語，對方怎會明瞭你的心意？

甜言蜜語正是借助語言藝術，打開異性心扉的捷徑。可以說，它是令一對男女從陌生到深深相戀的「激素」。

現實生活中，許多墜入愛河的宅男都有個困擾：向戀人表達情意時，幾乎都說不出「愛妳到海枯石爛」、「為了妳，我可以赴湯蹈火」、「如果失去妳，我不知道自己會變成什麼樣子，能不能活到明天」……之類肉麻兮兮的話語。

但是，不敢開口，一味把愛意埋在心裡，根本不能打動她的心，獲得她同樣深情的回應。

每個談過戀愛的男人都曾經說過甜言蜜語，當然並不是每個男人都會說，而且都能說得令聽者心花怒放、情意繾綣。

向戀人表達情意時，不能不講究方法與格調。

小蘇為人誠實厚道，性格溫和內向。小琳是他的大學同

學，生性活潑、喜好幻想，外在條件很不錯，虛榮心也比較強。

兩人經過將近兩年交往，感情卻一直保持在「友人以上，戀人未滿」的尷尬點上，遲遲沒有突破性發展。

問題的關鍵，在於小琳。每每看到姐妹淘們的男朋友都是滿口甜言蜜語、很懂得討女孩子歡心的型男，她就不由得對小蘇產生淡淡的缺憾，所以一直死死把持著愛情的關口，不准小蘇更進一步。

為此，小蘇也傷透了腦筋。終於，在幾個朋友建議下，他決定做最後一次努力。

這天，他把小琳和她的幾個好姐妹都請到家裡做客。席間，眾姐妹們當然繞著他與小琳不上不下的愛情高談闊論。

突然，他大叫一聲：「哎呀！糟了！」

大家詫異地異口同聲問道：「怎麼啦？」

「我忘了多請兩個男人來了！」

「再請兩個男人來做什麼？難道怕我們欺負你？」小琳挑眉問他。

「不是，我請他們來，是要幫忙把我的一顆心給抬出來，讓妳看看我愛妳愛得有多深、多沉！」

聽了小蘇誇張的話語，眾姐妹都笑了，一下子把目光全轉向小琳。

只見她向前一步，對小蘇獻上一個吻。

小蘇追了小琳兩年多，卻一直沒能擄獲心上人的芳心，關鍵在於臉皮太薄，肉麻話說不出口。

最終他決定對症下藥，硬著頭皮在心上人的姐妹淘面前做誇

張的表演，故意用一個「抬」字把自己的心意誇張放大，緊接著又用「多深」、「多沉」來誇張自己愛她的程度。

　　小琳並非對小蘇毫無感情，只是不願鬆口。好不容易聽到這番話，怎麼能不激動呢？

　　追女生，厚臉皮固然重要，但表達的技巧更重要，如果碰到自己喜歡的女孩卻不知道該如何採取行動，或是用錯方式造成反效果，必然讓你懊悔不已。

　　誇張式的甜言蜜語，目的在於打動對方，加強言語的力量，並不只求形式上的浮艷，所以必須選擇恰當時機謹慎使用，以免弄巧成拙。

順著情景表達你的感情

藉景托情可以有效強化「情」的力量，並讓甜言蜜語更顯得真實可信，如果你還遲遲尋不著突破口，這種方式值得一試。

男人必須懂得女人的思考邏輯，才能與心儀的對象順利交往；明瞭彼此的心意，才是愛情開花結果的前提。

男人唯有先知道女人的心理如何運作，方能順利把到正妹。也唯有不時順應情境表達自己的情意，才能維繫好這段感情。

想把正妹，就得懂得說好聽話，可是太刻意表達的愛意，難免讓人聽了覺得肉麻兮兮，活像在演老掉牙的愛情劇。

如果能用點小技巧，把週遭的氛圍融入，心上人的心自然會被不知不覺地誘發，隨著你的話語激盪起來。你們的愛情，將會推向一個嶄新的境界。

小耿與雯晴是一對時時出雙入對的情侶，人們見了無不羨慕。

然而，自從半年前，小耿被提拔為公司的副理後，大家便很少再看到他們的親密模樣，倒常常見到雯晴滿臉憂悒。

原來自從上任之後，小耿為了不辜負上司的厚望，全力以赴投入工作，雯晴找他經常撲空，打電話給他，則總說是在忙。

好心的同事提醒，會不會是升了官，身邊的女孩子多了，

變心了？

雯晴聽了著急起來，趕緊約小耿出來見面。

他們到了海邊，看到一對對情侶在海中駕駛快艇，小耿一時興起，對雯晴說：「我們也租一艘快艇，好不好？」

「你明知道我膽小，還出這樣的餿主意，不是故意找我麻煩嗎？」雯晴滿臉慍色地提出反對意見。

「我怎麼會不知道？妳放心，搭上快艇以後，我這個『護花使者』一定會把心上人好好地摟在懷裡。兩人一起乘風破浪，這種感覺是不是很棒？」小耿幸福地描述著。

「可是，我怕你會只顧著看風景，讓我掉進海裡去。」雯晴一臉楚楚可憐，一語雙關地道。

「如果妳摔進海裡，不論是對妳還是對我，都是大災難！我絕對不會讓這種事情發生的！」小耿正色道。

小耿想必是弄懂了雯晴急著約會的用意，知道此時此刻無論怎麼對雯晴指天盟誓，她也不一定會相信，於是聰明地把海邊情侶乘坐快艇的情景，作為表達情意誓言的著意點。

首先，他用「護花使者」代表自己，而後描繪摟著雯晴乘風破浪的幸福情景，藉此說明她在自己心目中的地位始終沒有改變。

雯晴自然明白他話中的意思，就一語雙關地假設他忍不住外面花花世界的誘惑，把她「摔進海裡」了。

小耿的回答還是緊緊利用氛圍的襯托，強調無論遇到什麼災難，他都一定會緊緊抓住她不放。

可想而知，任何人聽了這樣深刻的愛情告白，都會對說話者刮目相看，並對他的一片癡心深信不疑。

　　作家薩蒙曾經寫道：「愛情經常會結束在你不敢將愛說出口的那刻。」

　　通常還沒開始就已經結束的愛情，問題往往出在沒有及時向對方表達愛意，錯過告白的時機。

　　如果你一味將愛意悶在心底，不僅不可能知道自己心儀的對象是不是也一樣愛自己，甚至還會因此錯過一段可能的愛情。

　　藉景托情可以有效強化「情」的力量，並讓甜言蜜語更顯得真實可信，如果你還遲遲尋不著突破口，這種方式值得一試。

不卑不亢的態度，可以提升好感度

無論在什麼地方約會，或是在約會中做了什麼，都應該讓心上人感到輕鬆、自然、愜意，無做作感與壓迫。

有不少「撩妹達人」，深諳女孩子喜歡聽恭維的話，總是投其所好，專門以甜言蜜語來敲開正妹的心。

「撩妹達人」的獵愛手法看似無往不利，實際上只能唬弄女孩子一時。

如果你只會嘴上功夫，等對方發現你就像四十歲的男人「只剩下一張嘴」，別懷疑，你的美夢馬上就會告吹。

其實，一個真摯、坦誠的人，完全沒有必要靠耍手段來打動女孩子的芳心。大可以用不卑不亢的風度追求心儀的對象，以真誠表示愛意與熱忱。

實際上，許多正妹都喜歡真誠的男孩子，對於那些虛偽的、喜愛自我誇耀或是油腔滑調的男孩子，則抱著戒心與厭惡感。

不要以為女人都很笨，那些企圖以滿嘴鬼話欺騙他人、裝腔作勢戲弄別人的男人，也很難得到女人長久喜歡。

甜言蜜語只是為了替自己製造機會，開啟對方的心扉。裝腔作勢則是因為對自己的信心不足，偶爾為之，並無可厚非，但雙

方開始交往之後，如果還不時玩這些花招，那就太糟糕。

　　約會之時，為了讓氣氛活絡，或是為了逗情人開心，並表現出自身的詼諧、機智，不少男孩會故意在言語中戲謔人、奉承人或挪揄人。

　　但如果與心上人尚未建立足夠的默契，最好還是不要有這種行為，因為你很有可能不小踩到對方的地雷，傷到她的自尊心。

　　與心上人相處，還是誠心誠意、不卑不亢最好。

　　不卑不亢是一種很具魅力的品格。那麼，該如何做到呢？

　　首先，面對交往的對象務必要坦誠，不要只會說些奉承、浮誇不實的話，否則只會顯得自己是個不誠實的人。

　　剛開始交往，情人之間說話往往比較謹慎，力圖在言語中含蓄地表達真正的意思。此時如果在某件事情上表現得不誠實，會很容易讓對方認為，你是一個不可靠的人。

　　相反的，如果能夠在約會中表現得泰然、坦誠，行為言談不卑不亢，就會讓對方更加喜歡你的真誠。

　　戀愛是兩顆心相互激盪的過程，如果你不想再停留在幻想的階段，就必須大膽邀約對方。同時留意，無論在什麼地方約會，或是在約會中做了什麼，都應該讓心上人感到輕鬆、自然、愜意，無做作與壓迫。

　　這麼一來，彼此的好感度必會直線上升。

不要太猴急，也不要呆若木雞

 與戀人相處，要把握好相處的距離，既不要過於猴急，也不要呆若木雞。愛情的魅力，就在於它的朦朧神秘、若即若離。

無論是初戀的朋友，還是熱戀的情人，和對方相處時保持適當的距離，都是一件非常重要的事。

該與戀人親暱時不適時親近，會冷落、傷害對方的感情；但在不該與戀人親暱時強行親暱，則會嚇著人家。

談過戀愛的人都知道，在交往的最初階段，兩人可能都頗為羞澀、緊張、激動，心還撲通撲通地狂跳，神情也不太自然，總覺得渾身不自在。此時感覺，自己面對的不像是愛戀已久的心上人，倒更像威嚴的審判官。將自己置於對方的眼皮底下，接受審視、品評，怎能不感到心慌意亂？

這是正常的心理反應，如果你是第一次談戀愛，不用因此感到恐慌，也不用緊張。只要與對方保持讓彼此感到自在隨意的距離，就能順利進行情感交流。

不過要注意，與戀人的感情還未達到肌膚相觸的程度時，千萬不要過早讓彼此之間的距離等於零。如果感情還未達到一定的熱度，就心急地動手動腳，或者在稱呼上使用「親愛的」、「我

的寶貝」……等等滾燙的詞語，很容易把對方給嚇跑。

　　與戀人相處，要把握好相處的距離，既不要過於猴急，也不要呆若木雞。愛情的魅力，就在於它的朦朧神秘、若即若離。恰到好處的朦朧距離，反而更能夠加深彼此的愛意。

　　自信，是男性魅力的靈魂。

　　自信是很抽象的，看不見也摸不著，但又總是在人們的眉宇言談、舉止行為中呈現，女人還會據此來判斷一個男人到底是什麼貨色。倘若一個男人對自己充滿信心，在困難面前毫不畏懼，敢於面對生活中的種種挑戰，那麼，他在女人的心目中，就是一個自信的男人。

　　面對充滿自信的男人，任何女人都難以抗拒。

　　相反的，在生活中表現得畏縮、自卑、人云亦云、躲躲閃閃、不敢正視自己的男人，在女人心目中的形象會淪為螞蟻、蟑螂。

　　女人會認為：「跟這樣的男人在一起，實在太辛苦了，我必須隨時隨地裝得比他軟弱、無能，以維持他可憐的自尊心。」

　　沒有哪一種力量比自信更能凸顯男性魅力。

　　唯有對自身吸引力具有強烈信心的男人，方能使女人相信，他具有不同的魅力，他就是她的夢中情人。

　　自信心強烈的男人有另一個吸引人之處，就是對生活的熱愛。

　　熱愛生活，往往能讓男人形成良好的個性，既熱情洋溢、興趣廣泛，又深沉含蓄、意志堅強，成為男人最吸引女人的特質。如果你想擄獲正妹芳心，從現正起就必須讓自己成為自信的人。

有點學識，女人才會仰慕

> 看在女人眼裡，男人的學識和聲譽正猶如一
> 朵光彩照人、足以遮醜掩瑕的紅霞，能將她
> 們牢牢吸引、深深傾心。

　　想成為對女人具有「殺傷力」的男人，除了必須理解女人的
內心世界，同時也得擁有豐厚的內涵，才能把女人的目光吸到自
己身上。

　　只要你掌握了把妹心理學，在正妹的面前用心展現自己，就
算是宅男，照樣可以順利把到正妹。

　　富有學識的男人，一向很受讚賞和傾慕。

　　廣博的學識，甚至可以彌補天生的不足或個性上的弱點。例
如，才華橫溢的詩人拜倫，儘管身體殘疾，在當時卻仍然令許多
淑女、美婦傾心癡迷、神魂顛倒。

　　詩人的氣質風度，脫俗不凡的個性，無疑是讓拜倫閃耀魅力
的原因。更不容可忽略的，是他的知識和才華。

　　淵博的學識有助於提高鑑賞力，培養優雅的審美情趣。敏銳
的鑑賞力和優雅的情趣，則使得一個男人別具吸引力。

　　哲學家休謨曾說：「擁有敏銳的鑑賞力，對於愛情和友誼都
是有益的。」

　　試想，一群男孩女孩去參觀畫展，若其中一個男孩，能以獨特的鑑賞力，頭頭是道地為大家講解畫意、表現手法或相關的軼事趣聞。不用懷疑，女孩們全都會對他刮目相看。

　　如果她們當中有一位是他的戀人，必定會感到驕傲，因此而陶醉。至於其他男孩子，除了妒意，也不能不承認：「這小子真行！」

　　男人廣博學識散發的魅力宛如耀眼的星光，可以吸引條件優秀的女人頻送秋波，投懷送抱。

　　例如，馬克思年輕的時候寫給戀人燕妮的情書，就充分表現了有如詩人的才氣，因而成了美貌的燕妮的情人。

　　廣博的學識，本身便是一種魅力。

　　超群的學識、才識所贏得的成功，更能使男人聲譽卓著。

　　看在女人眼裡，男人的學識和聲譽正猶如一朵光彩照人、足以遮醜掩瑕的紅霞，能將她們牢牢吸引、深深傾心。

愛情信物，要選得恰到好處

 知覺類型傾向是相對而言的，恰到好處地選擇「多功能」的禮物送給對方，更足以讓她睹物思人，激起對你的相思。

隨著情感發展到一定的程度，戀人們大都會送上表示情意的禮物。

談情說愛時，送禮物是一大藝術，一定要送得恰到好處。

有些人喜歡送糕點、巧克力，希望對方吃到這些東西時，能自然地升起甜蜜、美好的感覺。

但這樣的禮物吃完就沒有了，有點不划算！

於是，有些人比較「精明」，害怕自己精心挑選的禮物不被戀人喜愛，乾脆用「錢」來表示心意。

不過，無論出手如何闊綽，凡事都用「錢」解決，總顯得粗俗，無疑是下下策。

能促使對方經常想起你的禮物，本身應該具有長久的紀念意義，若是能再根據對方的喜好選擇，她就更容易想起你，甚至睹物思人，抑制不住思念，主動要和你見面。

如果你的心上人屬於視覺派，最好送給她一些具有視覺刺激的信物。比如你們出去玩時拍下的照片，或是買一個娃娃放在她的床頭。即便你不在她身邊，只要看到了這些信物，她就會情不

自禁地想起你。

聽覺派的人對聲音十分敏感。如果你的戀人屬於這個類型，就應該送她能夠留下愛的聲音的信物。也許是一張兩個人都喜歡的CD、一串由你們一起挑選的風鈴，諸如此類。

對於感覺派的戀人，則可以留下一些具有感受性的禮物。最好是摸得到、聞得到或嚐得到的東西，好比送她一瓶高級香水或一條精緻的圍巾，甚至陪她買一套她喜歡的衣服。

只要能讓她經常性使用，你們之間經歷的美好回憶自然能時常被回想起。

當然，別忘了，人的知覺類型傾向是相對而言的，一般人或許屬於某一派，但仍然會同時接收其他兩種知覺的刺激。恰到好處地選擇「多功能」的禮物送給對方，更足以讓她睹物思人，激起對你的相思。

具備優勢，更需要自我把持

愛情是排他的，戀愛是專一的。不能因為自己具有良好的條件，就把感情當成遊戲，與眾多異性談情說愛。

正值花樣年華的少男少女們，一旦進入青春期，隨之而來的便是對生活與愛情懷抱著朦朧且美妙的期待。

無論是男人還是女生，都會在內心深處渴盼著理想對象走進自己的世界，美好愛情儘早到來。

有人如願以償，走進美滿幸福的伊甸園；也有人經過了漫長的尋找過程，卻一無所獲；還有一些人徘徊在情感的迷霧中，怎麼也找不到方向。

愛情的道路曲折坎坷，沿途有怒放的鮮花，也長滿了荊棘；充滿著希望和光明，也彌漫著陰霾和霧雨，甚至還暗藏著誘惑和陷阱。想要擁有美好的結果，就要先走出情感的紛繁迷霧。

天生擁有出眾特質的男女，在成長過程中，總是宛如「眾星拱月」一般地被簇擁著，這自然是獲得幸福愛情的有利條件。

然而，卻有些人不懂得珍惜這些優勢，以致於錯過大好機緣。

Candy 從小就長得十分漂亮，是個標準的正妹。許多人都把追求的目光集中在她身上，爭相追求。但她自視甚高，拒絕了一個又一個。

　　隨著時光的流逝，昔日令她自傲的容顏逐漸留下歲月的痕跡，風韻姿色漸減，但她仍不以為意。

　　最後，當她發現年華已逝、青春的魅力消失時，一個個追求者早從身邊溜乾淨了，令她後悔莫及。

　　類似的情況，同樣會發生在男性身上。

　　型男 Ken 擁有健美的好身材，而且才華橫溢。周圍總不乏為他傾心的出色女孩，頻頻向他示好，利用各種機會懷送抱。

　　對此，Ken 總是來者不拒，輕浮地玩著愛情遊戲。

　　不過，這種狀況維持不了太久，這些女孩們徹底領略他的風流本性之後，一個個就都像躲避瘟神一樣離他而去了。

　　現實生活中，像 Candy 和 Ken 這樣條件比較出眾的男孩女孩，有不少都無法在愛情方面獲得美好的結局。除了客觀條件和社會因素的影響之外，更重要的是他們被自身的好條件蒙蔽，沒在情感觀念上保持清醒，也一直沒冷靜審慎地思考，該選擇什麼樣的交往對象。

　　當本身條件好的男孩女孩處於「眾星拱月」中時，保持清醒和冷靜，審慎地思考，是極為重要事情。

　　要想走出眾星拱月的迷霧，首先得妥善地評估自己，以及自己身邊的追求者。絕對不可以朝三暮四，這個也捨不得，那個也放不開；抑或挑剔苛求，孤芳自賞，這個不中意，那個也不喜歡。

　　愛情是排他的，戀愛是專一的。不能因為自己有好條件，就把感情當成遊戲，與眾多異性談情說愛。只顧自己的情欲，不顧他人的感情，這是不道德的、相當糟糕的行為！

做快樂女人背後的溫柔男人

 過去，每一個成功的男人背後都有一個偉大的女人；現在，每一個快樂的女人背後都有一個溫柔的男人。

　　有些女人對粗獷的男人感興趣，是由於他們表現出雄健有力的美。但女人並不一定欣賞粗獷中同時蘊含的負面成分，例如野性、粗魯和無禮。

　　女人固然渴望男人有堅韌不拔的毅力，與眾不同的個性，以及超群出眾的學識，但更渴望男人具備瀟脫、豁達、寬厚、溫情等特質。

　　女人需要男人的理解、呵護、鼓勵和關懷。

　　男人給予女人的愛情，應該是含蓄、強烈、深沉、奔放、執著的。想獲得女人的愛慕，靠的應該是自己的魅力、氣質、風度、學識、智慧，而不是粗暴和無禮的強制。

　　在愛情的天平上，男女扮演的性別角色雖然不同，但在人格上是完全平等的。想追求傾心的對象，男人應該了解這一點：男女之間，沒有地位高低之分，無所謂吃虧和佔便宜，更不允許強行佔有。

　　女人最討厭、憎惡的是這種男人：一旦將自己追求的對象擁入懷抱中，就迫不及待地想佔有她的身體。一旦性欲得到渲洩，

就變得強硬、專橫，企圖用千百年積澱下來的貞操觀奴役、控制女人。

這樣的男人根本不明白愛為何物，以為佔有了女人的身體，就等於佔有了一切，包括思想、感情、行動、言論……等等。這種男人只顧滿足自己的需求，而不顧對方的心理、生理，最終只會親手毀滅愛情。

過去，每一個成功的男人背後都有一個偉大的女人；現在，每一個快樂的女人背後都有一個溫柔的男人。

溫柔，必須透過最大程度的寬厚與體貼展現。

男人可以叱吒風雲，縱橫世界，但仍要給女人留一個溫柔的空間。儘管俯首聽命、以男人為天的女人依然存在，但是時代畢竟不同了，更多的女人開始與男人一樣，尋求成長與實現自我的機會。她們需要的是男人的體貼、溫情，而非專制。

女人不再只為了男人而存在，也要為自己而活，為了自我成長、自我肯定而努力。想成為女人夢中情人，男人應該把女人放在平等的地位對待，做快樂女人背後那個溫柔的男人。

與其單相思，不如大膽嘗試

何苦讓自己陷於單相思的情況中，自我折磨？

積極主動創造適合自己的求愛方式，

敢於嘗試，就有機會如願以償。

與其單相思，不如大膽嘗試

何苦讓自己陷於單相思的情況中，自我折磨？積極主動創造適合自己的求愛方式，敢於嘗試，就有機會如願以償。

　　作家安‧蘭德絲曾說：「男人最大的遺憾，通常就是面對讓自己怦然心動的對象，卻因為畏怯忐忑，未能將心中的愛意表達出來。」

　　如果你不想讓錯過的愛情成為心中永遠的痛，那麼面對喜愛的正妹，就必須放下忐忑不安的心，大大方方表現出來。千萬不要猶豫不決，也不要害怕遭到拒絕，如果你不適時放電，又怎麼知道和對方來不來電？

　　想追女人，臉皮一定要厚，只要不患得患失，你就會恍然發現，對方並不像自己想像中那麼難追。

　　傳情示愛，是一道最複雜也最簡單的方程式。

　　之所以複雜，在於必須挖空心思找到一條傳情示愛的途徑，否則心上人就不了解你的愛意；之所以簡單，在於有時候只是無意間的一顰一笑，就足以讓心上人心領神會。

　　當你陷入愛河中，想向對方表白心意時，最好不要只傻傻地按照書本或是朋友傳授的方法來實行。

　　必須了解，每個人成長環境與生活方式各有所異，沒有哪一

條經驗是放諸四海皆準的。適合別人的，未必適合自己的心上人。

　　倒不如放鬆心情，把自己的情意，以最輕鬆、最不刻意的方式表達出來，說不定就是最好的。

　　想追求心儀的女性，僅僅有美好的願望，卻沒有充足的勇氣，那麼一切都無濟於事。往往你還在優柔寡斷的時候，機會已投入別人的懷抱。

　　心中偷偷地愛上了對方，卻始終不敢開口，即便有機會跟對方單獨相處，也不敢表白自己的心意。這樣的人，只會成為輸家。

　　好不容易等到心目中的「白雪公主」出現在面前，就應該想方設法讓對方認識自己、了解自己。既然你相信自己夠好，相信自己能給對方帶來幸福，那就不妨大膽地將愛意展露出來。

　　因為，對一個人的喜歡、愛慕，最終仍必須採取行動，才能迸出愛的火花。坦率表現自己，比派十個朋友在對方面前歌頌還要有用。

　　無論面對的是熟人還是不熟識的人，只要不操之過急，不落得淺薄輕佻，以落落大方又信心十足的積極態度主動接近、了解，並且拿出自己的誠心主動追求，就有可能美夢成真。

　　何苦讓自己陷於單相思的情況中，自我折磨？積極主動創造適合自己求愛的方式，敢於嘗試，就有機會如願以償。

千方百計拉近彼此的距離

接近意中人的方法變化萬千，根據當時的環境、氛圍等客觀因素隨機應變，一定能找到最恰到好處的話題，拉近彼此距離。

　　不少男人都有這樣的困擾：偶然遇到自己愛慕的意中人時，該如何接近她呢？接近之後，又要如何展開話題才好？

　　兩性專家認為，最好的方式是採取行動，巧妙地引導對方，按照自己需要了解的情況去交談，如此既避免了陌生人之間的唐突、尷尬，又創造了融洽、和諧的談話氛圍。

　　• 傳統式

　　一些流傳已久的傳統方法，雖然了無新意，但效果很不錯。

　　招呼一聲：「妳好！」就是很傳統的示意方法。

　　或者，你也可以問對方：「請問現在幾點了？」「能向妳打聽一個人嗎？」

　　這種接近意中人的開場白，表面上聽起來無關緊要，卻能很快讓彼此熟識起來。同時，在交談過程中，雙方還有進一步了解的機會。

　　運用傳統的方式接近意中人，要注意「投其所好」，即選擇一些異性們喜歡的職業、工作單位或學校、娛樂活動……等等展開話題。切忌在詢問時引起對方的不快，造成反效果。

人都有虛榮的一面，喜歡聽好聽的話，即使心裡明明知道那些不過是假話。

問一個女孩「我是不是在哪裡見過妳」，她必定會因為「我能讓人留下深刻的印象」而沾沾自喜。

• 明知故問式

許多人喜歡在異性面前顯露智慧、才幹，談論到自己熟知的事情時，會表現得活潑而又思路敏捷，恨不能馬上將知道的全部說出來。即便是外表端莊矜持的女人，也不例外。

運用明知故問式的開場白展開交談，很容易滿足對方的虛榮心，產生愉悅的氛圍，使她樂於繼續談下去。

明知故問式的話題不要太複雜，越簡單越好，必須讓對方容易回答。主要目的在於激發優越感，讓她在驕傲自得中乖乖供出自己的情況。

• 以靜制動式

如果是在聚會、婚禮等等群體場合發現讓自己心動的對象，使用以靜制動式的談話方法，再合適不過。

身為對方不認識的一員，加入談話圈並不容易。這時候，倒不如默默地聆聽，並不時點一下頭、獻上一份微笑。

當然，以靜制動式並不是自始至終完全保持沉默。在沉默靜聽中適應了氛圍之後，就要想辦法加入，並將自己的問話目標慢慢朝向意中人轉移。

可以這麼說，所謂以靜制動式，就是從扮演一個熱心的聽眾開始。

這種談話法若是使用得當，必能在意中人心目中留下很好的

印象，並產生交往下去的慾望。

• 奉承讚美式

奉承讚美的話，往往令人難以抵擋，女人尤其喜歡收到男人的讚美。

當然，讚揚的話語不能說得做作，否則會引起對方的懷疑，產生防備心理。一旦被認為是刻意討好，那可就不妙了。

讚美意中人，最好選擇她鮮為人知，甚至連自己都不太注意的細節為話題，這樣效果最好。

發現她什麼地方迷人、有魅力，就用這個特點打開話題，逐步地接近，如此一定能獲得她的好感。

• 投石問路式

透過談論工作、學業等等與生活息息相關的話題，了解傾慕的人的訊息，這就是投石問路式。

以此展開交談既可刺激對方的熱情和興趣，又可以反映出自己的個性與品味，還可以直接了解對方對自己的態度。進，能夠繼續展開話題；退，能夠友善地將話題轉移，更便於彈性地調整追求方式。

想將投石問路法自如運用，關鍵在於將語言融入親近的氛圍。這樣一來，自能把「路」問得一清二楚。

• 溫柔體貼式

溫柔體貼式的交談，充滿著親切、細膩、溫馨的情感，只要配合自身和藹可親的態度、溫文體貼的舉止，就不難贏得對方的歡心。

　　女人的感情往往比較脆弱，遇事多半謹慎猶豫，雖然心中渴望被愛，但又害怕受到傷害，於是故意裝出無所謂的樣子。男人只要以體貼的態度接近，並且展現出真心誠意，女孩心中的冰塊一定會融化。

　　積極主動地獻上關懷，是獲得意中人好感的不敗絕招。

　　• 羅曼蒂克式

　　開放、灑脫、浪漫、活潑，是羅曼蒂克式交談的主要特徵。

　　運用此種方式接近意中人，能夠在彼此之間塑造出詩情畫意、帶有藝術色彩的美好情調。

　　追求者往往借助風景、文化藝術、名勝古蹟為引子，向意中人傳遞訊息。被追求者在追求者刻意製造的氛圍烘托下，將自然而然地產生共鳴。

　　• 冒險進攻式

　　冒險進攻式雖然「火藥味」濃厚，但會讓人覺得很有個性。

　　敢於嘗試這種方式的人不多，但它的成功率不低，因為這種獨特性，會在對方心中留下強烈印象。

　　冒險進攻式的精神，在於把自己的心意毫不掩飾地、咄咄逼人地傳達去。

　　是否接受，決定權當然在對方，但因為這種方式可以有效強化你的形象，她多半會在不知不覺中「乖乖就範」。

　　• 偶然相遇式

　　這種交談方式，一般是運用雙方突然相遇的時間、地點、情境、人際關係、時空氛圍……等等客觀條件為話題，藉簡單的一

聲問話、隨意的一句議論爲主要形式，主動向意中人搭訕，表示友好。

　　現實生活中，接近意中人的方法變化萬千，遇到鍾情的異性時，只要肯動腦筋，保持沉著冷靜，根據當時的環境、氛圍等客觀因素隨機應變，一定能找到最恰到好處的話題，打開話匣，拉近彼此距離。

找對途徑，機率便會大幅提升

只要你能掌握「俘虜」意中人的策略，在最適當的時機發動追求攻勢，成功的機率就會大幅提升。

初戀，往往是最羞澀的。

色彩斑斕、綺美清麗的光環，使得男人只知道對渴慕的對象奉獻愛的讚歌，一個勁兒地圍繞著對方旋轉，苦惱則隨之加深。

等到好不容易鼓足勇氣，想與她進行更進一步的交談，態度卻顯得生硬粗笨，不知從何說起。

千方百計地尋找與她獨處的機會，好不容易可以聊天了，卻找不到話題，口乾舌燥、呼吸不暢……

與其說陷入初戀的男人在談情說愛的技巧上幼稚、笨拙，不如說，他們找不到步入愛情的正確途徑。

• 乘人之「危」

一個女人春風得意的時候，周圍也會圍繞許多追隨的異性。由於可以選擇的對象很多，她會視異性為襯托自己的綠葉，並不迫切需要真正的情人。

可當一個女人遭受失敗、挫折，面臨危機、陷入嚴重的自卑感，處於無奈的失意落魄中，深深感到孤獨、自尊心受到傷害，情形就會完全改觀。

這時候，她會認真尋找可以撫慰自己的情人。

在困難逆境中得到關心幫助的女人，最容易對對方萌發感情。同樣的道理，能及時送上幫助的男人，也最容易得到心上人的信任和忠誠。

日常生活中，如果你已經有了夢中情人，想要深化彼此的感情，讓自己在對方心目中留下美好的印象，不妨選擇在對方失意、孤獨或有困難的時候，展開最強烈的攻勢。

體貼、關懷、善解人意的話語，無疑會在兩人之間架起一座橋樑，使對方在感動之中向自己靠近，縮短彼此的距離。

在對方孤立無助的情況下，及時分勞解憂，她必會很自然地對你產生敬佩和感激。如果再加上恰到好處的動聽話語，她即使不至於感動得投向你的懷抱，傾訴情懷，也會感動得熱淚盈眶。

意中人身體不適或因病住院時，前去探病，說上幾句充滿關懷的、溫馨的話，藉此提升親密程度，也是一種常用的乘人之「危」手段。

• 手語示愛

求愛的過程中，語言、聲調、神韻、姿態等等，固然有助創造親密的氣氛，但並非每個人都能好好把握。如果沒能拿捏妥當，必然會讓對方認為過於矯揉造作，反而事與願違。

與其如此，不如巧妙地運用雙手。

戀愛，帶給女人最大的幸福，莫過於握到愛慕之人溫暖的手。親切的溫存感，將會透過手傳遞出去，直到她的內心。

• 興風作浪

愛情遭到某種程度的風浪阻礙時，往往會大幅度逆勢高漲。

　　假如兩個人的相愛，受到雙方的父母、家人、親戚朋友稱道，所有相識的人都大力贊同，這種情況下，感情往往會轉爲平淡，無法燃燒得更熾熱。

　　因爲一帆風順、缺乏刺激，節奏穩定毫無變化，於是感情在朝夕相處、耳鬢廝磨中逐漸習以爲常，反而淡漠而無激情了。

　　相反的，如果受到反對，兩人便會急得像熱鍋上的螞蟻一樣，一邊大動腦筋，千方百計地說服反對的人，一邊更努力維持雙方的關係。正由於反對的聲浪形成一道牆，「感情非談下去不可」的心理，反倒會愈發強烈。

　　碰不上愛情風浪，那就自己在愛河中興風作浪吧！

　　情人之間，最常見的興風作浪，莫過於情敵的出現。

　　情敵出現，足以讓已經倦怠的情人重新燃起鬥志，擺出競爭姿態，不讓第三者橫刀奪愛。

‧ 欲擒故縱

　　追求意中人時，如果屢次試探，對方卻依然不理不睬，很多人都會感到灰心喪氣，甚至就此放棄。

　　但要是對方的態度曖昧不明，既不正面回應，也不直接拒絕，表現得似乎有意又似無意，你必然會受到更熱烈的吸引，這就是欲擒故縱的魅力。因此，你要做的是改變自己的追求策略，展開第二波行動。

　　只要你能掌握「俘虜」意中人的策略，在最適當的時機發動追求攻勢，成功的機率就會大幅提升。

順應情境化解窘境

約會中，冷場狀況隨時可能發生。如何巧妙地避開這種難堪的窘境，關鍵在於審時度勢，根據情境改變談話的內容。

約會時，有些男人為了表現自己溫文爾雅，或是學識豐厚，喜歡講一些言不及義的客套話，或者開口閉口盡是大道理，結果目的沒達成，反倒加重對方的心理壓力，造成冷場。

過度客套，過度有禮貌，情人感受到的不是恰到好處的彬彬有禮，而是彼此關係的疏遠冷淡。

喜歡隨口講些大道理，並不表示知識淵博，反而說明了你不是與對方站在對等的基礎上交談，是以居高臨下的上司或是老師的口氣教訓對方。

一開始就將對方置於不平等的位置上，人家還怎麼能夠輕鬆自如地和你傾心交談呢？

拜託！你到底是來談戀愛，還是來亂的？

約會，是為了和對方交心、談心。只要推心置腹，赤誠相見，一般來說，都會得到對方積極的回應。

如果虛假、遮掩、顧左右而言他，即使搜腸刮肚地找出華麗的社交辭令粉飾，對於促進彼此的情感發展絲毫沒有幫助。

唯有讓自己誠懇、熱情、友好、直率，保持既反應機敏又不

過分多慮的態度，才能解除對方的心理壓力，打破沉默，激起雙方的交談興趣。

另外一種尷尬狀況是，初次約會之時，由於對對方不太了解，交談時不慎闖入「地雷區」，談到對方不願意談及的敏感話題。

這種狀況，更是難堪中的難堪，該如何因應呢？

切記，此時千萬不能慌了手腳。

對方既然有難言之隱，不願意深談或者根本不願意談及，你就不該打破砂鍋問到底，哪壺不開提哪壺。應該儘量岔開話題，試著用幽默擺脫窘境，反應越快越好。

約會中，冷場狀況隨時可能發生。如何巧妙地避開這種難堪的窘境，方法會因具體情況而各不相同，關鍵在於審時度勢，隨機應變，把握週遭的氛圍，敏銳地捕捉訊息，根據情境改變談話的內容。

有了源源不斷的話題鋪墊，雙方的關係便能在自然對話中越來越親密。

用浪漫為愛妝點異彩

將「離別」與「浪漫」畫上連結，一來淡化
了離別時的哀愁，二來增添了情意，真是一
舉兩得的最佳告別方式。

　　不管男人女人都喜歡聽好話，喜歡浪漫場景。

　　談情說愛的過程中，懂得說好聽的話語，懂得營造浪漫氣氛，
自然容易獲得心儀對象的青睞。

　　浪漫是戀愛進行曲中最華麗的點綴，離別則是情人們體會相
思之苦的孤獨篇章。這兩者似乎相去甚遠，但是，這兩者也可以
有聯繫。

　　在面臨離別時，刻意營造出浪漫的情調，有助於愛情的茁壯，
更能製造出令人回味、陶醉不已的記憶。

　　自從小玫與立昕確立了戀人關係之後，河岸邊的美好風
光、美麗的夕陽，就成了他們約會時少不了的陪襯。

　　某個炎熱的夏夜，立昕遠從市區趕過來找小玫到老地方約
會，繼續譜寫他們的愛情詩篇。

　　很快，夜深了。

　　立昕送小玫送到她家附近，臨別時，突然對她說：「小
玫，妳相信世界上有美人魚嗎？」

　　「美人魚是童話故事裡的東西，你怎麼會當真？」小玫驚

訝地反問。

「怎麼，妳不相信？我剛才真的看到一條美人魚！不然我下去抓起來，讓妳開開眼界。」

沒等小玫反應過來，立昕已經「撲通」一聲跳進河裡。

小玫信以為真地傻傻等在岸上，不多時，聽到立昕在河的對岸說：「小玫，我已經抓到美人魚了，她就站在河的那一邊！」

這份情景，該是多麼的浪漫！

立昕與小玫的告別方式，不僅浪漫新穎，告別的語言更是別出心裁。

他以逮住「美人魚」為託辭，將河岸邊的景致渲染得更加美好，恰到好處地將約會的尾聲點染得絕頂浪漫。

將「離別」與「浪漫」畫上連結，一來淡化了離別時的哀愁，二來增添了情意，真是一舉兩得的最佳告別方式。

理性掛帥，女人不愛

女人喜歡跟開朗、熱情、快活的男人在一起。這樣的人，不僅自己的生活多姿多彩，而且能以熱情激發、感染他人。

人，當然必須具備應有的理性，不衝動行事。然而，感情世界中的現實又告訴我們，魅力跟理性並不一定成正比。

一個太過於理性，凡事都要衡量利弊得失，考量別人觀感的男人，對女人反而沒有魅力。

珍妮透過人介紹認識了傑飛，交往一段時間之後，珍妮卻主動提出分手。

介紹人感到困惑不解，問道：「傑飛長得很英俊，人品也好，學歷、身分、經濟狀況都不錯，妳有什麼不中意的？」

珍妮直率地說：「我實在難以忍受他自以為是的理性！無論做什麼，他總是問：『這樣適合嗎？別人會怎樣看？會不會有什麼不好的影響？』這種生活，真是一點樂趣也沒有！」

實際上，這種男人並不如自己以為的理性，而是沒有自我。

一位心理學家說過：「我們的許多毛病，都是由過分封閉自己、生活過度公式化、毫無變化造成的。日復一日、年復一年，

不停地做著同樣的工作，最後連自己也感到膩煩。」

　　談情說愛之時，如果對方感到煩膩，戀情就會畫下句號了。

　　男人，應該是熱情奔放的。太理性化，等於是把感性生命的豐富內容囚禁得嚴嚴實實的，生活中的行為準則，只有機械的「管束行動」。

　　這也不能做，那也不能做，活像個管家婆定了一堆規矩約束自己，還以此衡量、苛求他人。碰上這種人，別說女人受不了，就是同伴也會退避三舍。

　　這樣的男人，去當和尚還比較適合。

　　在女人的眼中，有時候，男人應該感性一點。

　　有一位女作家說：「我對男人過度的『清醒』深惡痛絕。字典上對感性的解釋，含有『興奮』、『熱情』，這不正是今日的男人所欠缺的嗎？」

　　懂得生活的女人認為，感情生命強的男人，必定是開朗、熱情、快活的。不僅自己的生活多姿多彩，而且也能以熱情、快樂去激發、感染別人。

　　女人往往很喜歡跟這樣的男人在一起，即使他們有時有一點粗魯、冒失，也顯得可愛無比。

辦公室戀情，能避免就避免

人生就像一個大戰場，經歷越豐富，顯出生命的價值。談情說愛也一樣，若侷限於工作範圍內，勢必會使範圍過於狹小。

任何工作場所都會有異性存在，彼此接觸機會多，見面頻率高，距離又較近，親近程度也會與日俱增。

這種親近，有時與帶「電」的親暱只隔幾步之遙，可能再多走幾步就融為一體，當然也可能永難逾越。

不論是合二為一，共同營造一份溫馨愛情，還是各自為政，不介入彼此的美麗人生，都沒什麼不好。

唯一不值得肯定的是，過於接近地相處在同一個環境當中，因而會錯意、表錯情。

同事之間產生戀情，本身並非壞事，不過和每天都要接觸的人戀愛，乃至結婚，還是要更謹慎些。與同事談情說愛，需要三思而行！最起碼，在決定發展一段同事戀情之前，要做好充分的心理準備。

「同事」本身是一種社會關係，在同事中尋找戀愛對象，又使這種關係進一步深化和複雜化，成為雙重關係。一般情侶只是單一的戀愛關係。相對而言，處理雙重關係會比處理單一關係困難得多。

　　辦公室情侶的愛情關係如果不能和諧，勢必會將那份不滿、不順眼、不愉快，轉移到工作上，造成工作不順暢，難以合作協調。工作上出現麻煩，抑或不遂心的事情，必然又會在情侶之間蒙上陰鬱、懊惱、不快的陰影。

　　久而久之，這種矛盾衝突必然會加劇。

　　此外，當任何一方與別的同事產生不愉快，別人總會把情侶視為一個整體，對於某個人的意見，必然會牽扯到另一個人身上。

　　這確實有些冤枉，不過，既然你選擇與同事成為情人，就必須要有患難與共的胸懷，甚至是背黑鍋的犧牲精神。

　　如果不幸戀愛失敗或婚姻破裂，情況則更為尷尬，不僅要承受周圍人在背後指指點點，還要面對同事們私下說三道四的難堪，更要忍受相互視而不見的心靈傷痛、酸楚。

　　雖然情侶的關係解除了，但同事關係依然存在。儘管形式上只是單純的同事關係，實際上還是擺脫不了情感上的瓜葛。那份留戀、那份牽掛、那縷情絲、那份關心、那份愛護、那份怨艾……總會不時牽動兩人之間的情感神經。

　　要是對方尋求到新的伴侶、準備結婚、有了孩子……由此產生的難以名狀的微妙複雜感情，又常常觸動著心靈，在寧靜的心湖上濺起陣陣漣漪。

　　說得殘酷一點，這是一種一針見血的心理陣痛、心理折磨，任何人都不可能置身其外，無動於衷。

　　人生就像一個大戰場，經歷越豐富，顯出生命的價值。談情說愛也一樣，若侷限於工作範圍內，勢必會使範圍過於狹小。

　　現實生活中，許多經歷情感磨難或是戀愛、婚姻失敗的人，

在被問及對於戀愛體驗時，常常會這樣感嘆：「最開始，我奮力追求身邊的人，並得到成功。可當我再跨出一步，卻驚愕地發現，外面的世界很精彩，竟然有那麼多美好的人被我忽視了！」

是的，世界很大，工作場所卻很小，如果不擴展視野，看看工作、日常生活圈子以外的人、事、物，必會像井底之蛙一樣。

每一個人的生活、工作範圍，就是一個小小的世界。只在自己的小小世界裡尋找伴侶，談情說愛，等於永遠將自己禁錮在一口水井裡。不妨勇敢走出小小世界，在其他領域尋找交往對象。

捏好尺度，愛情事業都兼顧

一邊兢兢業業地努力工作，一邊情深意切地談情說愛，恰到好處地把握好其中的尺度，就能在事業與愛情上同享豐收。

凡事都是相對的，儘管辦公室戀情有不少負面影響，但如果有幸在同事中尋找到夢中的好情人，而且充分體驗到了在同一個工作場所談情說愛的快樂、幸福，是不是還要為了避免麻煩而忍痛割愛？

答案是否定的，沒有這個必要！

不過，你應該了解並且熟悉與同事戀愛的四項要點。懂得這些規則，兩人的戀情才會更加順利甜蜜。

• 情場得意不忘形

與情人同在一家公司，必將同時面對處於各種情況、心態、情感的其他同事，比如失戀的同事、沒有人緣的同事、單相思的同事、婚姻破裂的同事、愛情不順的同事……

當然，戀愛時那種被幸福感陶醉的心情是可以理解的，但千萬不要在工作場合與情人出現旁若無人的親暱舉止，否則不僅會傷害其他同事的心理，還會引起反感。

對自己情場上的幸運表現得過於歡樂得意，很容易招來嫉妒，破壞工作場所中的和睦氣氛。同事之間的關一旦遭到破壞，勢必

會波及與情人之間的感情，這是一件可怕的事。

也不要在其他同事面前，眉飛色舞地談論自己與情人之間的種種。只有做到這一點，才能使處於同一工作場所的人都成為你們的夥伴。

• 工作時間不談情

同事情人在工作時間的相處，言行舉止要有默契，應該堅持工作第一，不要在辦公室打情罵俏。

通常，男性比較能做到公私分明，女性則比較容易感情用事，常常會因為男友不經意或是無意識的動作、言語而情緒波動，以至於心神不寧。

「他為什麼昨天晚上跟我甜言蜜語，今天經過我旁邊卻看也不看一眼？」

「前兩天他送我花的時候還是那麼含情脈脈，今天怎麼這麼冷漠？」

如此類似的疑問、聯想，在女性身上比較容易發生。因此，雙方都要有一定的共識和心理準備，盡可能就事論事，工作時不放任私情，免得影響自己，也影響別人的工作情緒。

當彼此因工作需要單獨相處時，更應該謹慎行事，儘量避免親熱的舉動和語言，也不可以趁機說悄悄話。這種行為會讓周圍的同事不自在，導致譏笑、諷刺、起鬨的尷尬局面出現，對彼此都沒有好處。

• 感情瓜葛要明智

任何未婚的男人女人，都可能面臨情感的爭奪和糾紛。

如果不幸捲入三角戀情中，免不了會被謠言中傷，這時應該

採取堅決的態度不予理會，讓謠傳自己過去。

　　如果遇到自己不喜歡的人來邀約，應該要以明智的態度面對，明確加以回絕，絕不能因擔心傷害同事的感情而模稜兩可，否則最後的結果將會適得其反，既傷害了別人，也傷害自己。

　　不願接受的同事愛慕，切記要明快、理智地解決。

● 戀愛失敗須灑脫

　　戀愛，正像其他任何事情一樣，隨時會遇到各種障礙。

　　也許與情人經過一段時間相處，發現彼此不適合，愛情因此擱淺。這時，愛情的終止如果出自兩廂情願，倒還能自在相處；如果是一方主動提出分手，終止戀愛關係，但另一方仍然深陷其中，情況就複雜難辦得多了。

　　畢竟兩人未來還要經常見面，其中的難為情和不愉快，不言自明。那麼，何不灑脫點？愛情不在，友情仍在，同事關係也依然存在。能夠共事，本身是一件很有緣份的事，無論如何，仍應該珍惜這份友誼和情緣。

　　一邊兢兢業業地努力工作，一邊情深意切地談情說愛，恰到好處地把握好其中的尺度，就能在事業與愛情上同享豐收。

第一印象不足以決定終身對象

第一印象只是建立關係可能性的第一步，一
見鍾情的成功率不高，迫不及待的結合，結
果多為不幸。

有人說，越是開放的社會，終生伴侶越難得遇到。

這句話當然帶著情緒性的牢騷，事實上，所有的正常戀愛，
都以希望對方作為自己的終生伴侶開始，不論未來能否完美結合，
能否白頭偕老。

普希金七、八歲就開始寫詩，人稱神童。他的才華橫溢，創
作了一大批享譽俄羅斯與全世界的詩歌和小說，被譽為「俄羅斯
文學之父」。

很遺憾，他的愛情婚姻卻十分不幸。

當時的「莫斯科第一美女」名叫娜塔麗亞，普希金傾倒於她
的驚人美貌，愛得發狂，不顧一切展開追求。娜塔麗亞則被虛榮
填滿，只看中普希金顯赫的名聲，兩人很快結了婚。這場婚姻，
竟成為斷送普希金文學事業和偉大生命的主要因素。

娜塔麗亞只是一個漂亮女人，把全部的生命都耗費在化妝、
舞會、服裝之上，頻頻出入上流社會。她根本不理解普希金，對
他的文學事業和心靈追求也一竅不通。

婚姻的挫敗使普希金陷入重重煩惱之中，甚至嚴重到無法從

事創作，而且負債累累。後來，在貴族們設置的圈套下，娜塔麗亞接受一個軍官追求，使普希金蒙受羞辱。他忍無可忍，與情敵決鬥，最後飲彈身亡。

一個不到四十歲的年輕生命如此結束，一顆俄羅斯的文學巨星如此殞落，只因這一場不幸的婚姻！

與普希金相反，馬克思擁有一生引以為豪的幸福婚姻。

馬克思的夫人燕妮，出身於威斯特華倫顯赫的貴族家庭，而且也有壓倒群芳、令人崇拜的美貌，總是被上流社會的子弟狂熱追求。可是，燕妮更有一顆高貴的心，拋棄一切榮華富貴，甩開紈褲子弟的追求，真誠地愛上了馬克思。

她對馬克思的理想、靈魂和事業，有著超乎常人的深深理解，並有為此不惜犧牲一切的獻身精神。結婚後兩人患難與共，度過極為艱苦的歲月，她成為馬克思得力的助手。直到結婚幾十年之後，他們還如同新婚燕爾一般親密。

普希金和馬克思的妻子都有出色的美貌，但卻有著兩種完全不同的品格、信念和追求，因而帶來了兩種截然不同的結局。

追求外貌之美是人之常情，可是陶醉於美麗容貌的同時，千萬不可忽略對心靈、品格的審視。必須先釐清：她愛你什麼，她真正認識你、理解你嗎？她的選擇是盲目的，還是清醒的？

第一印象只是建立愛戀可能性的第一步，往後的路還很長。一見鍾情的成功率不高，迫不及待的結合，結果多為不幸。

兩個人從最初的愛戀走向婚姻，並不一定追求雙方個性一致，事實上，如此反倒常常產生不良的婚姻。最佳的結合，常常是男女雙方個性能夠互補，例如直爽痛快與含蓄謙謹互補，剛強正直

與溫柔賢淑互補，深沉穩重與熱情果敢互補……等等。個性互補，對於適應周圍各種複雜的人事關係，也可以產生意想不到的好處。

個性不必一致，但二者必須和諧相通。如果一方對另一方的個性抱有厭惡之感，或者一方的個性無法適應另一方，在一起不會幸福。一旦發現這種情形，果斷地中止戀愛關係才是明智的。

當然，不排除二者個性初不相適，經過較長時間的磨合之後慢慢適應的可能，但這無疑具有一定的冒險性。若是男女雙方的個性都十分明顯突出，而且自尊心強烈，一般難以遷就對方，達到和諧相通。

比較穩當的選擇，仍在於求得雙方的心性志趣有一定的相通，有為某項目標共同奮鬥的志向。

居里夫人與他的丈夫就是好例子，二人雖然國籍不同、語言不同、文化個性不同，但為科學奮鬥終身的共同志向使他們成為幸福的伴侶。

作為芸芸眾生的一員，絕大多數的男女結婚之後，得花費相當多時間和精力於家庭瑣事，因此，在選擇伴侶之初，就要實實在在地設計生活，不可異想天開，以為一切都能自然而然迎刃而解。大男人主義或大女人主義，都不可能構成幸福的戀情。

談戀愛必須「厚臉皮」

5.
PART

「厚臉皮」並不是不講策略，

當你不知道對方是否也愛上了自己時，

先不要輕易地表露你的愛意，

而應該通過觀察瞭解，

弄明白對方對你是否「有意思」。

談戀愛必須「厚臉皮」

「厚臉皮」並不是不講策略，當你不知道對方是否也愛上了自己時，先不要輕易地表露你的愛意，而應該通過觀察瞭解，弄明白對方對你是否「有意思」。

年輕人在戀愛中往往會遇到這種情形：你曾天天在夢裡念著的她如今就在你的面前，你卻不敢向她表白。

這無非是人的自卑感在作怪，生怕自己「落花有意」，而她卻「流水無情」。

其實，每個人都有愛與被愛的權利，向自己所愛的人表露愛情，不是醜事，更不是壞事。

就像一道朦朧美麗的愛情帷幕擋在你面前，幕那邊是你的意中人，怎樣才能拉開這道幕，讓意中人明白你對她的心意呢？這就需要你勇敢地表達出來，即大膽地求愛。

往往會碰到這樣的情形，你暗戀著一位女性，卻又沒有勇氣表白，心想：「她那麼漂亮，表現又那麼優秀，肯定看不上我。」因此，即便有許多次單獨交談的機會，你也白白地錯過了。

後來有一天，當你看見這個女性與另一個男性相挽而行時，你覺得他遠不如自己，心中五味雜陳，說不定會為自己當初的臉皮太薄而後悔。

　　當然，「厚臉皮」並不是不講策略，當你愛上了一位女性，不知道對方是否也愛上了自己時，先不要輕易地表露你的愛意，而應該通過觀察瞭解，弄明白對方對你是否「有意思」。

　　當你發現對方不愛你，最好別魯莽地求愛，因為那樣求愛可能遭到拒絕，給你的心靈造成創傷。

　　若對方對你也有「意思」，這時，你求愛的時機就成熟了，你可以把臉皮放厚些，大膽地向她表露你的愛情。

　　由於每個人的性格、氣質、修養、身份、資歷的不同，也就決定了每個人對戀人的求愛方式不同。

　　當雙方的愛意表現得比較明顯時，可以當面求愛。這種方式既可快言快語，亦可婉轉示意，也可以幽默活潑。當面求愛的語言要求簡潔實在。

　　波埃爾‧居禮在與瑪麗長期合作中，為她的事業心和儀表所傾倒。當他聽說瑪麗要回波蘭時，急切地對她說：「妳還回來嗎？答應我，妳還回來！妳沒有權利拋開科學。」

　　瑪麗心領神會地回答：「我相信你的話是對的，我很願意再回來！」從此，兩顆年輕的心便不再遙遠。

　　書信方式是常用的愛情表達方式，一般來說，它是更含蓄、更深刻、更從容的求愛方式。

　　巴斯特是著名的法國化學家，近代微生物的奠基人。他年輕時看中了校長的女兒瑪麗小姐，但他不知道瑪麗小姐是否愛他。於是，他鼓起勇氣，先寫了一封求婚信給他未來的丈人，

介紹自己的財產、身體、工作等情況，以及願把一生獻給化學研究事業的決心。

接著他又給未來的岳母寫了一封信，進一步介紹自己的情況，以及更進一步地表達自己對瑪麗小姐的情意。

緊接著他又給瑪麗小姐寫了一封簡短而懇切的求婚信：「我只祈求妳一點，不要過於匆忙地下判斷。妳知道，妳可能錯了。時間會告訴妳，在我矜持、靦腆的外表下，還有一顆充滿熱情的向著妳的心。」

巴斯特接二連三的求婚信，終於感動了瑪麗小姐。

為了科學，他有著頑強獻身的精神，為了愛情，他是如此的忠實坦白。這樣的好青年到哪裡去找呢？在父母的支持下，瑪麗小姐欣然答應嫁給了他。

借情書求愛傳情，可以達到「投石問路」，表示愛慕之心的效果。然而，情書應該寫得真摯實在，要不斷提高寫情書的技巧，通篇充滿著厚愛，洋溢著深情，這才是最好的情書。

如何讓心愛的人敞心扉

據心理學家介紹，女人對於不具體的約會有排斥的心理，因此，當你與女友交往時，必須注意約會地點和邀請的方式。

莎士比亞說：「處女是一種久藏會失去光彩的商品，越長久保存，越不值錢。所以，應趁有人問津時，讓它及早出手。」

世間延綿不斷的愛情或許就是應了這個理念，不過時代演變到今天，「處女」早已不是愛情的全部內涵。愛情這杯酒裡有最甜蜜的快樂，也有最痛苦的悲哀，就看你用何種原料去釀造它。總之，如果方法得當，保你一生都有妙極了的感覺。

如何使女性敞開心扉，是談情說愛中首先要碰到的問題。

女人的心理總是難以捉摸的，交談時如何使女性敞開心扉，這不光是一門交際藝術，還要懂點心理學。

據心理學家介紹，女人對於不具體的約會有排斥的心理，因此，當你與女友交往時，必須注意約會地點和邀請的方式。

男人總認為，邀請女人到高級餐廳享受美食，比較容易成功。

有些女人確實如此，對對方的底細還不清楚，便被一次高級的招待弄得心花怒放。我們不能否定這種方法有效，但如果忽視了時機和場合，也可能會弄巧成拙。

據說，很多女孩子，對相識不久的男友邀請去高級消費場存

有戒心，使他們根本不能得到預期的效果。

因為，選在那種地方約會，女孩子的注意力會集中在你的舉動上，同時，心裡還對你充滿疑心：「這個人會不會有什麼居心？」因此，不管你多盛情也不會有結果的。

其實，和剛認識的女孩子約會，不妨去熱鬧的大眾消費場所，那裡氣氛輕鬆，她的注意力在音樂與談話上，不會老盯著你，而你也不必擔心她不相信你。人們在這種場合都會有一種安全感。

儘管今天的女性已比以前開放了許多，但由於受傳統思想的束縛，觀念上還是不能完全開放。她們在決定一件事情時，總愛以沉默的態度作為自己的應允。這種傳統思想的束縛，也正是男性開口邀約女性最常遇到的難處之一。

無法按照自己的本意去行事的保守女性，在當今的社會裡仍然是普遍的。因此，邀約女性的最佳方式是：直截了當地提出你的邀請。

她若滿口答應當然最好，她若沉默以對，則採取不需要她回答，不必徵求對方意見較好。

換句話說，譬如你問她：「一起喝杯咖啡好嗎？」她如果有意接受，可能不回答，只是以沉默來代替。此時你若一個勁兒地向她解釋，你只不過是想請她喝咖啡，並沒有其他意思，反而會觸動她那敏感的神經，弄不好她就會提前對你說拜拜。

此外，當你跟女友同遊時，如果你處處顯出自己是個禮貌周到的人，她會暗自欣喜。因為懂禮貌的人總是受到歡迎。眾人歡迎你，你的朋友也會覺得臉上有光。

愛的告白不能太過急躁

愛意的表達方式並不是單一的，關鍵就在
於，要找出何種方式最適合對方的個性，如
此才能夠真正有效的打動對方的心。

通常還沒開始就已經結束的愛情，問題往往出在沒有及時向
對方表達愛意，錯過告白的時機。

因此，如果你有了愛慕的對象，不想讓自己錯過這段可能成
真的愛情，就千萬不要把愛意悶在心裡，而是要鼓起勇氣，發揮
腦力，想個巧妙的方法，把心中的愛意說出來。

但是，要說出愛的告白，首先要認清對方的性情，掌握最佳
時機，採取最好的方式，千萬不要太過急躁。

比起男人，女人往往是比較矜持的，一抹溫柔的微笑，通常
就是感動女人最基本的技巧。

通常來說，與異性初次見面的女孩，多半喜歡刻意製造出距
離，讓人覺得難以接近。

即使她真的很喜歡你，也會裝出滿不在乎的樣子。

所以說，如果想接近她，就要用你的溫柔將她的冷漠融化，
這樣才能贏得她的芳心，否則永遠摸不透對方。

當女性在生活中碰到討厭又不如意的事時，最需要的就是一

個可供傾訴與依靠的臂彎，對於溫柔的男性，不少女性幾乎毫無招架之力的。

溫柔男子的微笑往往使女孩覺得親切，並有種絕對的信賴。

要是你能夠恰當適時的在她最脆弱的時候，表現自己的愛意及體貼的一面，那麼多半就能贏得她的心了。

要知道，不講求技巧與時機，隨意流露熱情與過度的親暱舉措，只會把這條可能織出愛的的絲攪得一團糟，降低你在對方心中的地位。

對愛情的表達，應該像馬克思所說那樣，「採取含蓄、謙恭以至羞澀的態度」，這樣的愛情才有曲折的美感，才更容易打動人的心扉，讓她真心接受你的愛。

當然，愛意的表達方式並不是單一的，就像鮮花的顏色不是一種，而是萬紫千紅，道路的情況不是一種，而是長短直曲。

關鍵就在於，必須要找出最適合對方個性的方式，如此才能夠真正有效的打動對方的心。

善用文字傳情，愛情自然甜蜜

透過文字的傳達，不只可以彌補無法見面的缺憾；還能讓感情隨時維持在一定的熱度，這對戀人來說是十分重要的。

寫情書，聽起來似乎是老掉牙的招數，容易讓人聯想到過去一切都得靠書信往來、連打通長途電話都要心疼半天的時代。

但實際上，現代的情書定義改變了，並不只限於正式的書信，隨手寫下簡單的便箋、小卡片、甚至是電子郵件，只要是能對戀人表達心意的，都可以是情書的一種。

簡單說，寫情書的目的就是向對方表達自己當下的心情，並引起對方共鳴。所以，無論是何種形式，只要能達到這種目的就可以了。尤其是抓對時機，用文字的方式表達自己的心意，往往會有意想不到的效果。

最基本的就是剛剛認識的時候了。這時候雙方雖然透過接觸，對彼此已經有了初步了解，但這種了解往往還是處在淺顯、模糊的階段。

如果彼此依舊有意，一封甜蜜的情書對你們的感情來說絕對有加分的作用；假使雙方對對方的印象有些錯誤的認識，也可以透過文字上的溝通作更進一步的了解。

不過，要是雙方都還在猶疑不決，這封信就可以成為重新對

未來的關係做出判斷，並決定要不要繼續下去的關鍵。

當然，這個時期的情書，應該根據自己的直覺，寫得含蓄委婉一點。

另一種情形是兩人產生誤會，必須靠文字來解釋與挽回。

當戀人彼此十分相愛的時候，自然就會比較敏感易傷。不要以為只有女性才容易敏感，其實男人在戀愛的過程中也會變得敏感異常。

有時即使只是妳無心的一句話、一個舉動，都會讓對方做出無謂的聯想；而過於敏感和猜疑，就容易導致誤會產生，如果處理不當，往往只能步向分手一途了。

在這種時候，訴諸文字的方式，往往比口上直接溝通還要來得有效。不只可以幫自己理清思緒，冷靜找出誤會發生的原因，還能免去面對面可能出現的情緒性對話。

而且，有時透過真情流露的文字呈現，更能清楚表達內心的情感，反而會為愛情帶來不一樣的潤滑作用。

日常生活中，難免會遇到不如意的時候，而這時，來自戀人的撫慰，往往能讓人從中獲得更多前進的力量與勇氣。

有些女性不習慣將感情表露出來，即使有許多困惑與煩惱，也只是悶在心裡。

這個時候，一定會希望從你身上得到溫暖的慰藉，希望自己的苦惱被你理解。因此，除了透過交談，適時地寫一些鼓勵、窩心的小紙條，給予理智的分析或精神上的支援，往往能使對方的心情獲得平靜。

人與人之間需要相互安慰，戀人間更需要在彼此困頓不安時

互相慰藉。當對方生活出現變故，簡單幾句真摯的隻字片語，不僅能表達自己的支持，而且還可能成為對方戰勝挫折的精神支柱。

再者，由於生活、工作或者其他的原因，戀人們或許必須面臨分隔兩地的狀況，這種分離有時只是短短幾天、一週，有時甚至長達數月以上。

這時如果雙方關係還不是十分牢固，或是害怕因為彼此見不到面而使關係淡漠下來，不妨提筆寫封信或是電子郵件。

這麼一來，不只可以彌補無法見面的缺憾，還能讓感情隨時維持在一定的熱度。這對戀人是十分重要的，一旦彼此的聯繫中斷，淡漠會很容易乘虛而入，威脅著既有的關係。

從相識到相愛，從相愛到確定關係，甚至是婚禮的舉行，戀愛的過程就是從一個階段跳到另一個階段，在面臨這些戀愛關係的重大轉折點時，彼此的心裡多少會有一些感觸與感動。

這時候，不妨將這些潛藏在內心的感動記錄下來，並讓對方知道。

很可能這個時期，雙方的關係已經不像一開始那樣時時充滿激情的火花，取而代之的是細水流長的平淡穩定。透過這些心情記錄，也許可以為你們的愛情增加一些不一樣的浪漫與溫馨。

如何在等待中享受樂趣

 暫且按捺住心中的激動，刻意地拖延一點時間，說不定對方在除了真正和你約會的喜悅之外，還增加了「等待」的樂趣。

　　有一部電影裡的結尾很值得回味，影片即將結束的時候，女主角對她的愛人說了一段耐人尋味的話：「一星期一次，不，十天一次，假如你仍辦不到，多久都可以，只要你答應和我見面，我就能支撐著活下去。」

　　但是，如此迫切的要求，卻被對方拒絕了，女主角無法承受這個打擊，最後自殺了。

　　聽了這段故事，你可能會覺得那個男的也未免太殘忍了，心想：「那個男的怎麼能夠如此殘忍，如果是我，肯定狠不下這個心來的。」

　　其實，等待對於女人而言，只要能夠確認對方對自己的愛，則是一件雖苦猶甜的事情。即使必須等待三年五載，她們還是會耐心地等下去。這對於男人而言，真是令人難以想像。但是，她們卻樂在其中。

　　究竟是什麼力量支撐著女性，使她們甘願過著等待的生活呢？

　　是不是「等待」在女人的心目中有某種喜悅的滋味，她們陶醉在久別重逢的甜蜜中，自然感到等得是值得的？

　　但這對於男人而言，簡直是不可思議。因為，等待對於男人就代表著焦急、不安，最後就演變成不耐煩。而女人卻能在等待之中享受著「等待」本身的樂趣。

　　所以，男人在約會之前就會想：「真希望早點見到她。」恨不得立刻將她摟進懷中。

　　不過，暫且按捺住心中的激動，刻意地拖延一點時間，說不定對方除了和你約會的喜悅之外，還增加了「等待」的樂趣。

　　「下次什麼時候見面？」

　　當你的心上人這麼問你，而你又真心實意地愛著她，心裡總有一種衝動，巴不得一有時間就和她見面。於是，你老實地對她說：「三個小時之後，我想辦法溜出來。」

　　其實這樣一來，你就打破了她等待的夢想，她也就體味不到等待的樂趣了。因此，男性在很想與你的女友見面時，仍舊要控制住自己的慾望，回答說：「明天恐怕不行，後天吧。」

　　這時，你女友期待的眼神中，肯定會閃過一絲亮光，然後她會羞赧地瞥你一眼說：「好吧，那就後天！」

偶然的相遇，也能觸動心底

記憶深處，時常閃現當初相遇的一幕。在心底裡珍惜人間的美好情感，如珍藏圓圓滑滑的珍珠在心底。

愛情，就是當二個人遇然相遇，對彼此產生了微妙的情愫。但這樣的情感還可以細分為五個層次：

• 草木之戀

純粹是因為外貌吸引或慾念需求，或者只是因為都感到無聊，甚至由於金錢關係，使雙方走到一起，在短暫的歡娛之後各奔東西，很快就相互忘記，沒有留下什麼值得懷戀的記憶。

這是最低層次的戀情。

• 浪花之戀

兩人都處在孤獨之中，由於某種機緣而相遇，如水遇風，和岸相碰，在經歷短暫的相互瞭解、相互熟悉之後，發現一些共同點，激起心中的水花，產生興奮，雙方很快就掉進幻覺編織的情網裡。

當外部條件改變，幻覺消失，兩人又重新成為陌路人。

這個層次的戀情往往持續時間不長，分別之後有恩有怨，日久之後印象就變得模糊。

• 金玉之戀

某一方遇到出色的對象，驚為天人，於是使出渾身解數，刻意追求。被追求的一方終於被吸引被感動，經過較長時間的交往後，雙方發現在氣質上、性格上、才學上有許多相通之處，於是漸漸產生感情。不過，如果外部環境不支持，也可能只是精神上的異性朋友。

無論結果如何，相互交往、愛戀的那段時光，都會成為雙方生命中的一段美好的回憶。

這個層次的戀情，是多數人嚮往的。

• 珍珠之戀

雙方無意之間相遇，立刻被對方內在的涵養或音容笑貌吸引，或者是因為無意之間表露的一件小事，引起兩人的共鳴，在彼此心間留下深刻印象。在不長時間的淡淡的交往過程中，雙方都沒有刻意做什麼、說什麼。

分別後，天各一方，而在記憶深處，時常閃現當初相遇的一幕。也許後來會再透過書信、電話聯絡，也許什麼也不做。雙方都無意改變生活現狀，只是在心底裡珍惜人間的美好情感，如珍藏圓圓滑滑的珍珠在心底。

如果彼此的修養夠水準，就此為止；如果一不小心，就會掉到前一種次上，成為一段「普通的愛情」了。

• 鑽石之戀

往往在一瞥之間，或一句話，或一件事……瞬間如閃電般擊中雙方的內心，兩人迅速地在內心為對方留下一塊專門的空間，

相互感應，相互感動，相互牽掛，相互珍惜，成為一輩子的緣分。

雙方往往忽略對方的外貌、地域、地位等等外在的東西，只注重心靈的溝通、精神上的關愛。

這個層次的戀情能夠持續的時間最久，甚至是一生一世，或者可以感人至深，成為千秋佳話。至於是否有圓滿的結局，只是次要的問題。

值得注意的是，這個最高層次的情感之遇往往不易把握，除非雙方都有較高的修養和自制力。

因為，雖然鑽石是最珍貴的，但卻存在著稜角，有時藏在心間也可能讓人有刺痛的感覺。

愛情需要創造和維護

要建立一種強大的、持久的愛情關係，對於變化採取積極面對的態度是非常必要的。雙方內心堅定的愛情關係有足夠的靈活性，用現實、積極的態度迎接愛情中的變化。

愛情帶給我們的歡愉是無與倫比的。不過，若想要獲得愛情，就必須付出精力和行動。

良好的愛情關係不是自然產生的，它需要我們有意識地努力和行動，只懷有良好的願望是不夠的。為了發展豐富和充實的愛情關係，必須採取更為主動、更為積極的態度。

愛情要求我們應該清楚地知道怎樣才能使所愛的人幸福，那就是懷有一顆忠誠的心，並真誠地奉獻。

最重要的是：愛情需要自覺自願、輕鬆愉快地採取行動。

沒有行動而只有空談甚至是抱怨、責備，雙方就會漸漸地產生反感，最終導致愛情關係的毀滅。

• 愛情關係需要把握

愛情關係的發展絕不取決於命運，而是由相愛的雙方對愛情不斷做出承諾控制的。

在建立愛情關係的初期，我們都較能清醒地瞭解自己的所作所為。儘管懷有良好的願望，但是隨著時間的推移，不少人變得懶惰起來，對自己的行為和愛情關係所產生的影響變得不敏感，

甚至是麻木了。

　　愛情關係不是一成不變的，不是朝著加深的方向前進，就是朝著破滅的方向發展，因而需要男人和女人攜手維護。

　　• 明瞭愛情責任

　　相愛的雙方在愛情關係中所負的責任是不能間斷的，因為愛情就是一種感覺，一種連續不斷的、溫暖的、充滿活力的感覺。

　　你應該主動採取強有力的措施，決定愛情的命運。這樣一來，你就不再是一個愛情行為中的被動者，而是積極地追求愛情的人。此外，要建立一種強大的、持久的愛情關係，對於變化採取積極面對的態度是非常必要的。

　　有些男女在愛情中遇到不少困難和障礙，原因常常是他們頑固地抵抗愛情中應有的變化。他們害怕自己的愛情不夠強韌、不夠持久，不能對付無法預測的變化所帶來的消極後果。但是，雙方內心堅定的愛情關係應該有足夠的靈活性，用現實、積極的態度迎接愛情中的變化。

　　• 不斷更新愛情意識

　　隨著時間的推移，愛情關係也在不斷地變化和更新。在愛情的初期，時時能體驗到令人振奮的美妙感覺。

　　在這個階段，我們並不懼怕變化，因為我們渴望發掘所愛的人、所有的特點。接著，令人焦慮的事情發生了，愛情關係發展達到了某種境界的時候，雙方就再也不想改變了。從這時開始，對愛情的新鮮感逐漸消退。

　　但是如果對於愛情中的變化持接受的態度，你就會不斷地嘗試到愛情帶來的新鮮的活力。必須正確地面對種種變化，一方面

是我們自身的改變，另一方面是情人的變化。既不能懼怕自身的改變，也不能排斥情人的變化。

應該相信你的情人能夠正確地對待你的變化，她對你的愛和信任足以抵消變化帶來的新問題，即使是不快和恐懼。同時，當你發現情人的變化時，你也應該給予理解和尊重。

人們在愛情關係的變化中經歷情感上的波折是必然的。一方面它使人們產生不適應感，但另一方面，它又衝擊了長時間關係中產生的厭倦感和陳舊感。愛情關係處於低潮並不意味著愛情關係已經無法挽救，即使是最完美的愛情也有它的困難時期。愛情關係中出現的困難或低潮，只是考驗著雙方如何用靈活、積極的態度去對待變化！

PART 6.

聽懂「口是心非」
背後的訊息

正因為女人擁有「口是心非」的特性，
逼著男人說「假話」，
使許多在各方面都很優秀的男人，
偏偏栽在這一關。

聽懂「口是心非」背後的訊息

正因為女人擁有「口是心非」的特性，逼著男人說「假話」，使許多在各方面都很優秀的男人，偏偏栽在這一關。

絕大多數男人能夠輕易成為理性的動物，女人卻難以做到。

她不記得吃過什麼菜，卻記得他幫自己擦嘴的體貼小動作；她不記得收到什麼花，卻記得他捧花時臉上羞怯的微笑；她不記得看過什麼電影，卻記得他捏著兩張票時汗津津的手。

也許這就是造物主的平衡，讓陷入戀愛中的男女，一方較多地付出物質，另一方則較多地付出情感。

男人總認為女人太過幼稚，只有「感覺」而沒有「邏輯」。哲學家叔本華便曾直言不諱地說，女人最適於擔任保姆和幼兒教師的工作，因為她們本身就像個孩子，思想介於男性成人和小孩之間，算不上成熟。

但，事實真的是這樣嗎？

身為男人，你同意這說法嗎？

其實，這些哲學家都是愛情的失敗者，他們不懂得，在一個女人眼裡，她真正愛的人才是個大孩子。

一直以來，女性中難有出色的哲學家，正因為女性不像男性

那樣善於運用邏輯思維，行動多爲「感情倫理」支配。

對於較抽象化的事物，她們一般會感到苦惱，而對要付出感情的事物，則較容易接受。

這就是在總攬全局和當機立斷上，能夠發揮驚人能力的女性並不多的主要原因。

男人是天生的理性動物，要靠邏輯生存，女人則是感性動物，不太需要邏輯，更期望憑直覺、憑感覺行事。當女人喜歡一個男人時，對方的粗魯無理也是可愛的；但當她討厭一個人時，即便對方大獻殷勤也會令她噁心。

瞧瞧戀愛中的女人吧！如果她滿臉嚴肅地對情人說「你是個好人」，就代表這段感情大概維持不下去了，相反的，如果她笑著對情人說「你是個大壞蛋」，則代表正沉醉於愛河，滿心幸福喜悅。

如果男人情不自禁地吻了女友，她半推半就、故作嬌嗔地說「你眞討厭」，這說明她從內心裡喜歡他，希望男友勇敢地「再來一次」。

同理，當男人對女友說「妳眞漂亮」，她漲紅了臉，回一句「胡說八道」，可絕不要被字面上的意思騙了，雖然表面否認，其實她的內心甜滋滋的，巴不得男友再說個十遍。

可以發現，「口是心非」正是女人無邏輯的最好體現。

正因爲女人擁有「口是心非」的特性，逼著男人說「假話」，使許多在各方面都很優秀的男人，偏偏栽在這一關，陷入左右爲難當中，不知女人葫蘆裡賣的究竟是什麼藥。

　　「男人不壞，女人不愛」的說法，無人不知，無人不曉。當然，這裡的「壞」，不是吃喝嫖賭殺人越貨的無惡不做，而是一顆浪漫纖細的女人心所需要的——會哄、會逗、會寵、會疼、會察言觀色。

　　好男人之所以難覓心上人，在愛情上屢屢受挫，原因就在無法讀懂女人心，言談舉止缺少幽默、情趣。而「壞男人」則深諳女人心，不僅能讀懂口是心非背後要表達的是什麼，還能夠討女人歡心。

甜言蜜語使感情歷久彌新

身為男人，你覺得妻子很難懂嗎？你希望改善彼此之間的關係嗎？若是，請先從學會「甜言蜜語」開始。

在現代社會，飼養寵物的風氣越來越盛，儼然成為一種流行趨勢。飼養人口當中，又以女性佔絕大多數。

女人養寵物，不僅僅是想打發時間，或者因為自身喜歡小動物，而是為了體驗一種密切的親和關係，以及隨之而來的歸屬感、滿足感，甚至是幸福感、擁有與被擁有感。

說穿了，女人身上大都具有一種「寵物性」。

當然，她們不是寵物，不但具有獨立人格，更需要男人的尊重。但女人對情感的重視與需求、對伴侶的依賴，以及撒嬌的習慣，確實可以從她們對寵物的疼愛態度上略窺一二。

女人多具備堅強的韌性，較男人更能承受壓力，但在面對感情的時候，內心往往會變得異常脆弱，並期望藉撒嬌得到男人的保護或甜言蜜語，滿足自身對歸屬感的強烈需要。

若從這一點來剖析，不得不承認，西方國家男人對甜言蜜語拿手得多，懂得在日常生活中隨時讓女人開心。

有一個相當明顯的例子，外國男人常稱自己的妻子為「甜心」、「寶貝」、「親愛的」，以前東方社會裡，男人卻稱妻子

爲「賤內」、「拙荊」。

比較起來，差距多麼大啊！

很多外國夫妻，即便結婚十數年甚至數十年，仍能保持戀愛時期的熱情甜蜜，丈夫經常對妻子說甜言蜜語，妻子則適當地向丈夫撒撒嬌，生活過得精采無比，令人羨慕。

身爲男人，你覺得妻子很難懂嗎？你希望改善彼此之間的關係嗎？若是，請先從學會「甜言蜜語」開始。

有種說法叫女人好哄，清楚告訴了所有人——女人需要哄。相信許多女人都希望對情人這樣說：「嗨！你就不能哄哄我嗎？雖然我也知道你說出口的話可能太誇張，不是眞話，但你願意哄我，我的心裡怎麼說都是非常高興的。」

女人可以不要人寵，但一定想要人哄。

哄，不等同於騙。

雖然這兩個字常被連在一起用，但論及基本意義，仍存在著相當的差異。

騙，是運用不同手段，把黑的說成白的，白的說成黑的，無論動機爲何，多多少少都會導致對現實的扭曲、背離。哄，是順勢而爲，是專門揀好聽的說、是可能言不由衷的讚美、是善意的逢迎、是並不下作的「阿諛」，更是恰到好處的恭維。

男人哄女人，其實相當類似於大人哄孩子。

聰明的男人知道女人身上的弱點，也知道「女人好哄」的道理，往往會用自己的嘴上功夫把女人像孩子一般哄得團團轉。

女人好哄，也期待被哄，因爲她們永遠需要一種「感覺的泡沫」，滋潤脆弱而敏感的神經，提升自己的存在感。

　　也因爲如此，女人多有一個極大弱點，那就是感情上容易輕信，特別傾向於輕信那些口才極好的男人，萬一遇人不淑，碰上一個滿口空話的騙子，就容易落得悽慘下場。

　　但是，換個角度想，正是源於女人這股傻呼呼的「可愛勁」，才讓人與人間的感情更添色彩，並且讓鎮日奔波的男人在感到疲憊時，得到一個可以放鬆的溫暖空間。

　　女人撒嬌是爲了使男人說出更多甜言蜜語，讓感情更穩固、生活更添情趣。

　　身爲男人的你，若希望拉進自己和另一半的距離，則請試著對她多說一些好聽的話。讓感情更融洽，就是這麼簡單。

女人心，最感性

女人的善變是公認且不可以常理度之的，與其講道理，不如跟她們談感情，因為女人天生就是感性的動物。

　　這是所有男人心中的疑惑：「女人，為什麼如此難以捉摸？」

　　確實如此，女人有時就像猶大，緊握著手中的錢袋，謀算著男人們身上的每一個銅板。

　　但有時，女人又如同聖母，望著那些有如迷途羔羊般的男人，流下憐憫的淚水。

　　可以說，女人是魔鬼和天使的化身，一半是海水，一半是火焰，能夠將男人送上天堂，也有辦法將男人打入地獄。

　　男人通常所說的不瞭解女性，並不是不知道她的身家，或者有什麼樣的嗜好、喜歡吃什麼樣的東西，而是在心理方面面臨的諸多疑惑。

　　以下狀況必定曾經在情侶間發生：女性以相當熱情的眼神看著對方，依偎在情人的懷中，可是，不知是哪裡不對，她很快又換上一副修女般的冷漠神情，使得原本心神蕩漾的情人立刻退縮下去。

　　可不是嗎？恐怕連亞當都要這樣說：「雖然夏娃來自於我的肋骨，但她心中究竟在想些什麼，就連我也猜不透！」

女人心，就如同大海裡的一根針，任憑男人再怎麼努力也撈不著。這不僅是男人的悲哀，更是女人的無奈。

曾有哲人說過一句相當有意思的話：「不要試圖從性格上去瞭解女人，因為那幾乎是不可能的。」

只看表相，或者單純以男人的標準衡量，一定會感到迷惑，因為即便是最普通的女人，都可以在同一時間展現出截然相反的情緒：於幸福時刻嚎啕大哭，感到悲傷卻面帶微笑。

一般來說，女性的心理變化，如悲傷或高興的感情，確實比男性敏銳且劇烈得多。

看在男性眼裡，並不覺得有什麼特別的事情，卻往往能讓女性大受感動，甚至悲傷到不能自己。

當男性的心理上受到刺激時，多在內心予以解決，大多不表現於外表。相反的，女性在心理上受到刺激時，不單是內心出現波動，身體上也會連帶地產生反應。

比如說，突遭親人死亡，或意想不到的幸運降臨，激動過度以致昏厥的情形經常在女性身上發生。此外，難為情時，臉頰迅速漲紅，也是大多數女性都有的共同現象。

正是由於兩性的感情起伏程度不同，呈現在身體上的反應也有所差異，因此，女性才會表現出多樣的外在姿態。而在日常生活中，女性的表情也是最豐富的，傳達出的訊息極富變化。

如仔細觀察，會發現女性身體上的變化，如體態的胖瘦、膚色的好壞……等，除去生理因素，還與精神的好壞變化有著一定的聯繫。

當然，總體上來看，正常狀況下，女性的情緒表現一般還是

比較柔和和平緩的，只不過感覺神經較為纖細，關注點也比較細小，從而導致情緒受刺激後產生快速且激烈的起伏，讓男人無法消受。

　　女人的善變是公認且不可以常理度之的，男人們常常頭痛不已，就是因為不知道女人在想什麼。

　　但是，真的連一點方法、道理都沒有嗎？

　　也並不盡然。想要理解女人的男人，要記得：與其和女人講道理，不如跟她們談感情，因為女人天生就是感性的動物。

信任你，所以對你說話

請務必建立一個正確觀念：女人向別人敞開
心扉或道出自己面臨的問題，不過是表示信
任對方而已。

日常生活中，我們經常聽到女人撒嬌，卻幾乎不會聽到男人
說出類似的話。

男女的說話方式存在著相當的差別，女人習慣藉抱怨與撒嬌
表達情緒，男人則會把抱怨、訴苦當作真正的問題處理，認真地
思考該如何找到解決的辦法。

如果不能理解雙方之間的差異，溝通就會產生阻礙。

有一對夫婦開車外出，半路上經過一間商店，妻子問：「你
要不要停下來，買點飲料喝？」

「不用了。」丈夫直接了當地加以拒絕，沒料到妻子一聽，
立刻沉下了臉，轉向窗外，不肯再說話。

事實上，是妻子自己很想停下來喝點什麼，所以刻意「暗
示」，可是這樣的心理，丈夫卻一點都不瞭解，她自然會不高興。

故事裡這位丈夫，見到妻子的臉突然拉得長長的，只覺得這
個女人實在莫名其妙，一點都不會察覺到是自己不夠善解人意。

男人要知道，當女人詢問自己意下如何時，是在進行商量，
並不見得希望他下最後決定。

很多女人抱怨男人不瞭解自己，很多男人不明白女人爲什麼如此難伺候，說穿了，只在於雙方都沒有找出最合適的說話方法。

女人有一個特性，就是愛發問，總是動不動拿一些無關緊要的小問題來詢問男人，諸如：這兩件衣服，哪一件好看？這道菜煮得好吃嗎？我想去燙頭髮，你覺得好不好？你會不會感覺我臉上的皺紋變多了？我最近是不是比較胖了？

聽見女人提出這類小問題，不妨看作是一種「變相的撒嬌」吧！這種時候，男人回答的內容並不重要，態度才是眞正重點，必須好好拿捏。太明顯地奉承，她會認爲是欺騙；漫不經心地回答，會被指責爲沒有誠意；如果只會批評，不懂得說好話，又會傷了她的心。

當女人問男人「我穿這件衣服合不合適」時，表示她的心裡沒有信心，需要得到一些肯定。

如果這件衣服穿在她身上確實相當合適，男人便該把握機會，睜大眼睛，好好地讚美一番。

但如果她穿起來不怎麼樣，而又已經買了，不能退換，面對帶撒嬌與期許意味的詢問，男人可以如此回應：「不妨換個搭配方式吧！我想，這件衣服如果能配上另一雙鞋，應該會更好看。」

別以爲這樣說不夠明確，女人自會有辦法把答案詮釋爲是一種讚美。

切記，男人不必費心幫女人解決這類的問題，女人也不是眞的要他幫忙解決問題，只是想尋求情人的瞭解與安慰，以平衡自己內心的不確定感。

研究表明，女性大腦的言語功能，多能得到最充分的使用。

女人每天能輕鬆地說出六千到八千個單詞，男人則僅說出兩千到四千個，透過這項統計，不難理解爲什麼女人的說話能力會比男人高出許多，甚至導致兩性交往時的種種問題。

男性的大腦構造較擅長解決問題，或者不斷地找到新點子，大腦言語功能是爲了交流事實和資料而產生。大多數男人只在有話要說時才開口，只在碰到想談論的事實、資料或必須找出解決問題的辦法時才說話。

相較之下，女人「講話」的原因完全不同，她們視「講話」爲一種與他人溝通的必備形式，甚至是一種情感的肯定。

簡單地說，如果她喜歡或者愛你，如果她對你表示贊同或想讓你覺得被接受、被重視，就會跟你講話；如果不喜歡你，她就不會說話。

男人的大腦以解決問題爲主導，女人的大腦則以感情爲主導。

男人只在認爲對方能幫他找到解決問題的辦法時，才會主動講述私人問題，被問及的一方則會因自己的意見被徵求而感到榮幸，樂於相助。

女人則不然，相互交流，不過想一吐爲快，並不一定意味著要向對方尋求解決問題的辦法。

不幸的是，當女人向男人傾訴時，男人會認爲她是遇到了一直無法解決的問題，所以時常打斷女人的話，強硬地提出自己的看法和意見。站在女人的角度上理解，男人不停地提供建議，就像是在表示他才是對的，而她以爲的全是錯的。如此一來，誤會自然產生。

　　若眞有心要瞭解女人，請務必建立一個正確觀念：女人向別人敞開心扉或道出自己面臨的問題，不過是表示信任對方而已。

　　女人跟你講知心話，並不是在抱怨什麼，而是信任你，反之亦然。如果她不喜歡或不愛一個人，不同意某些人說的話，或想懲罰對方，則會選擇沉默以對。

　　如果女人威脅說「我再也不跟你說話了」，男人們千萬別不以爲然，也不要僅僅從字面的意思來理解。

　　要知道，女人的「說話」只是爲說而說，她想讓自己感覺舒服一點，並且想跟你溝通，而不是想從你那裡得到答案。你只需要傾聽並給予鼓勵，回答什麼並不重要，重要的是表現出參與感。

　　瞭解兩性在思考模式與說話方式上的差異，你將能更準確地理解情人眞正的需求。

即使不愛，也別讓對方受傷害

 果斷拒絕的方式適用於外向、開朗的人；友好而真誠的方式，適用於容易受到傷害的內向性格的人。

男女之間，互相愛慕和追求是正常的。但愛情不是胡亂配對的遊戲，需要男女雙方都來電才能進行下去。

情感是不可以勉強的，對於不能接受的感情，要果斷地拒絕。這既是對自己負責，也是對對方的負責。

如果確定要拒絕不合適的感情，那就絕對不能在互動時表現出模稜兩可的態度，以免給對方留下還有機會的誤解。

拒絕時，這樣的話是不能說的：「我最近心情不好，沒有心思談感情。」因為對方會產生「等你心情好了之後，也許會考慮」的想法。更不要說「不要這樣，別人看到不好」，這容易讓對方誤以為，你只是不好意思。

拒絕的時候模稜兩可、態度模糊，最要不得，既耽誤了別人的時間，也勢必使情況複雜化，甚至帶來嚴重的後果。

即便你真的不喜歡，也應當給對方應有的尊重。用友善誠懇的態度拒絕，既不傷人，又能使她不好再對你糾纏不休。

大多數情況下，主動表達愛意的人，往往克服了極大的心理障礙，並鼓足了勇氣，一旦遭到斷然的拒絕，很容易感覺受到傷

害，甚至痛不欲生，採取極端的手段，以求撫平感情創傷。因此，作為被追求的一方，拒絕時的態度一定要真誠，言語也要慎重。

有的時候，男女雙方經過一段時間相處，一方發現對方並不適合自己，自然會想要分手。此時，千萬不要把事做絕。

斷然地不見面、不打電話、不再有任何聯繫，都是不妥的。對方會一下子跌落到失望的谷底，痛不欲生。

面對分手，雙方一定要理性，儘量幫助對方走出失戀的陰影，重新面對生活。不要把話說絕，電話還是可以打，但次數應逐漸減少，話題可以限於日常生活裡的事情，而不再含有濃情蜜意。

漸漸地，對方就能夠適應分手的事實了。

有一位女孩，跟男朋友提出分手。男孩把過去幾年來與她合照的照片，按時間順序挑出幾十張，然後一天一封信、一張照片寄去，試圖挽回她的心。

女孩打電話告訴男孩：「你這樣做，我很感動，不過我必須向你坦白，這是沒有用的⋯⋯我真的很抱歉。」她在電話中哭了，誠懇真摯的態度，使男孩心平氣和地接受了事實。

戀愛是人生的必修課，拒絕他人的感情，也需要掌握技巧。

拒絕時，要根據對象的不同，採用相應的措施。果斷拒絕的方式適用於外向、開朗的人；友好而真誠的方式，適用於容易受到傷害的內向性格的人。

即使不愛，也別讓對方受傷害。

一走了之或把話說絕，絕對不可取。顧及對方的感受，可以使她少受傷害，自己也心安理得。

用耐心化解彼此的矛盾

戀愛中的矛盾不可避免。想維持彼此的感情，你有必要減少矛盾的發生，並有效地化解，使愛情走得更順利、更美好。

戀愛中矛盾的產生，有許多種原因，其中一方不能理解另一方，致使雙方的溝通出現障礙，感情出現裂痕，是最常見的一種因素。

所以，要盡可能地多理解對方，瞭解她的性格特點、心理傾向和行為模式。

戀人之間，常常會產生一種現象：一方要把對方改變成自己理想中的完美愛人。

為了達到這個目標，在交往的過程中，一方會不合實際地要求對方摒除以往的習慣和言行，以適合心中的理想形象。

殊不知，這是很難變成現實的，一個人的習性，都是在多年的成長中形成的，不可能只因為一場愛情就整個脫胎換骨。

人人都希望被欣賞，而不願意被改造。

因此，你要學著多欣賞、少挑剔，把對方看成一件「藝術品」，而不是「瑕疵品」。

沒有天生就擁有完美的愛。要想維持你的愛情，避免彼此之間的矛盾，就要多些欣賞，少些挑剔。

　　真愛是發自內心的，為愛付出也應是自發的、心甘情願的。要想真正加深彼此之間的感情，絕對不要強迫對方為自己付出什麼，這無異於揠苗助長，還可能使對方產生厭煩心理。

　　每個人都有自己的缺點，如果為了感情不受影響，一味地遷就、忍讓，長期下去，積怨必會累加，導致矛盾激化，最後還是避免不了產生衝突。

　　最好的辦法，就是通過正確的方法幫戀人改正，有效避免矛盾的發生。

　　當然，幫助對方改正缺點，並不是容易的事情，得把握好方式與尺度。

　　• 委婉地表達自己的意見

　　如果對方的缺點是天性，直接要求改正，勢必會使她難堪，甚至生氣。

　　採取委婉的表達方式發表自己的意見，較容易使她接受。

　　• 與對方傾心交談

　　制止或糾正戀人的某種缺點，需要用合情合理的方式與對方進行傾心的交談。

　　對方的想法可能存在著謬誤，做法摻雜著任性，需要你拿出耐心，逐漸地讓她理解、讓步。

　　儘管我們千方百計地避免產生矛盾，矛盾還是會不可避免地產生。這時，你可以保持沉默、以靜制動。對於無理取鬧，越是耐心地勸解或討好，對方就越是鬧得凶。

　　如果你確認對方是在無理取鬧，最好的辦法是不予制止，任

其發展，如此，對方就會漸漸覺得興致索然。

面對你的沉默，無理取鬧的頭腦會逐漸冷靜下來，並進行自我反省，主動與你講和。

生活中，出現工作與愛情或家人與戀人之間的矛盾，是常有的現象。這時，可以通過關懷來彌補對她的歉意。只要她的委屈得到化解，心理得到了平衡，那麼，雙方的矛盾也就消散了。

世界是由矛盾構成的，戀愛中的矛盾更是不可避免。想維持彼此的感情，你有必要減少矛盾的發生，並有效地化解，使愛情走得更順利、更美好。

耐心看待女人的嘮叨

心理學家認為，嘮叨有助於維持女人的健康。因此，為了心愛女人的健康著想，男人請儘量地保持聆聽的耐心。

　　女人從嘴裡說出來的話，可以是撒嬌，也可以是嘮叨。撒嬌讓女人顯得更可愛，嘮叨則足以成為幸福婚姻的毒藥。

　　一位自認婚姻不幸的男士說：「我工作一整天下來，感到很疲累，想趕快回家坐在沙發上喝杯茶，忘掉那些煩人的事。沒想到一進家門，妻子就開始嘮叨了，抱怨我總是空手回來，也不順便幫忙買點菜，就只想著茶來伸手、飯來張口……」

　　「本來我就事多心煩，妻子的一番嘮叨更使我愁上加愁，心情急劇惡化。於是我就和她吵了起來，平靜溫馨的家庭氣氛頓時破壞殆盡。儘管事後言歸於好，但三天兩頭發生同樣的事情，總是為我們的婚姻添了一層灰色的陰影。」

　　最後，這位男士不無感慨地說，陷入婚外情的男人當中，必定有些是因為妻子整天嘮嘮叨叨，使他們感到婚姻生活沒有樂趣，才在那些更善於表達感情女性的誘惑下墜入深淵。

　　拿破崙的侄子拿破崙三世有一段悲劇，他的婚姻、愛情，葬送在妻子尤琴永無休止的嘮叨裡。

　　最初，拿破崙三世愛上這位美女時，曾經大感自豪。在一

篇皇家文告中，他這麼說：「我已經選中一位值得敬愛的女人，我從沒有遇見過比她更迷人的女性。」

尤琴，這位他心目中最迷人的女人，不久便成為法國皇后。但是，婚後不久，尤琴的致命弱點便毀了這段婚姻。

她在丈夫面前，總是百般挑剔，喋喋不休地批評東、批評西，責怪他這個不好，那個不是，只要發生一點小事，就絮絮叨叨念個不停。此外，她的嫉妒心極重，既看不起丈夫，又討厭別的女人，對什麼都不滿意。終於，拿破崙三世受不了「疲勞轟炸」，逃出家門和情人幽會去。

像拿破崙三世這樣的皇室家庭，都無法倖免於夫妻間瑣碎、煩悶的糾葛，普通老百姓家裡的平凡夫妻，就更不用說了。

因此，男人有必要從不同的角度解讀女人的嘮叨。

女人「嘮叨」，並不是嚴格意義上的「說」。男人交流，以「說」為主，資訊的展示、分析、判斷為核心，女人則大不相同。

女人並不是「說」，而是「傾訴」。傾訴時，即使有事實出現，也是佐證，而非主幹。

女人的傾訴，不拘囿於結論，可以隨便從任何一個地方談起，並在任何一個地方結束。如果把男人的談話比喻為一條筆直的大路，女人的傾訴則是迷宮、是高架橋。

傾訴最大的快樂，在於表達出來，就像人們會勸告那些陷入悲傷的人「你說出來會好些」，這純粹是一種情緒的排解，而非真要從別人的「說」當中得到什麼。

因此，作為男人，需要理解的是：

• 女人生活在語言裡

女人常常在說一件事時，聯繫到所有的事。事實上，她們是在追憶自己的生活，透過大小事件尋找自己的身影。

• **女人透過「嘮叨」刪除腦中的無用資訊**

生命學家說，人類最值得欽佩的能力之一，是「遺忘」，否則每天吸收的資訊高達幾億條，全部牢記足以使人發瘋。

女人為什麼能詳細地描述一件事情的全部細節？道理很簡單，她們需要找到它、傾訴它，接著遺忘它。

• **女人的抱怨不是指責對方，而是突出自己**

這是實現自我價值的方式之一，聽者不可誤解。

喜歡嘮叨的女人往往是最勤快的，她們在工作中、家庭中做了許多事情，付出極大心血，不讓她「說」幾句，心理實難平衡。

心理學家認為，嘮叨有助於維持女人的健康。因此，為了心愛女人的健康著想，男人請儘量地保持聆聽的耐心。不但如此，還應多想想，既然女人能把她一切的一切都交付出來，且承受許許多多的煩心事，那麼，自己聽點嘮叨又算得了什麼呢？

愛要主動，不能被動

愛的基本要素，就是去愛，

而不是被愛。

勇敢表達你的愛，

才有可能得到他人的真切回應。

愛要主動，不能被動

 愛的基本要素，就是去愛，而不是被愛。勇敢表達你的愛，才有可能得到他人的真切回應。

人如果沒有愛情，就失去了生存的意義；也不知道自己究竟為何而活。

愛情對人而言，就是如此重要的東西。

每個人都希望自己死去以後仍然能夠活在某個人的心裡。在哪裡死去都無所謂，但無論如何都希望這個人能夠記住自己。

為了這個緣故，人才拼命地尋找自己所愛的人。彼此都在找尋愛人的男人和女人才會相遇。

所以，所謂的愛，基本上就是「去愛人」。雖然說有「愛」和「被愛」之分，但是愛的形式，應該只是愛人而已。

就人類而言，愛人也絕對比被愛更能夠感受到幸福。

喜歡上一個人，就像是用相機拍下這個人。世上所有的人，肩上都掛著一部相機，不斷尋找著自己所愛的人。當決定自己所要尋找的人之後，就會端起相機把對方拍下來。

身為人的幸福就是能夠去愛一個人，所以當自己想要把喜歡的人拍下來時，就會感受到一種真心的喜悅。更叫人感到高興的，是發現相機的另一端，對方也正好捧起相機對準自己，兩情相悅

就是這麼一回事。

　　但是有些人只是一味等著別人來拍攝自己，而不主動用相機對準其他人，這樣是無法感受到幸福的。

　　不主動愛人，只是希望被愛的人，不曾端著相機找尋所愛的人，當然就無法從中得到滿足感。

　　如果只是因為對方瞄準自己，於是就端起相機回應對方的話，那麼就無法感受到那種真心的喜悅。

　　就像是在不知情的情況下被人用相機拍下，或被一個不喜歡的人拍下自己的相片，無論是哪一種情形，大概都不會真的開心。

　　說到這裡，我們可以發現，原來光是被愛並不代表真正的幸福。因為被愛，所以自己也回應對方，充其量只能說是一種同情或是憐憫。被愛的時候，也許有一種優越感，但是卻無法從其中感受到愛的喜悅。

　　所以，對一個人來說，最重要的不是被愛，而是去愛。

　　不了解愛的人，只會想著有哪個人會來愛自己，一味等待別人採取行動，無法讓自己擁有真正的幸福。

　　很多人，往往就是像這樣不懂得如何去愛。或許還誤以為所謂的愛，就是被愛而不是去愛人。

　　當然，愛人是需要勇氣的。試想當自己捧起相機，對方卻迅速躲開的，這種情況難免會感到難為情；或者當自己想要把對方拍下來，卻遭到拒絕時，心裡當然也會受到傷害。

　　但是，喜歡一個人的感覺，是非常重要的人性本能。畢竟，發現世上有個自己喜歡的人，心情是非常快樂的。而且，這種喜

歡的感覺也是生而爲人的一種幸福感。

所以，如果你覺得自己很喜歡一個人，那麼，就要好好珍惜這種感覺。

不管她是否會回頭相望，或者可能存在其他情敵，這些問題都可以暫時留待以後再說，因爲眼前最重要的大前提，就是你喜歡上這個人。

記得嗎？愛的基本要素，就是去愛，而不是被愛。勇敢表達你的愛，才有可能得到他人的眞切回應。

滿足自尊心是良好關係的起始

 人與人之間，無論關係已經多親密，還是得
彼此尊重。千萬不要因為太瞭解對方，就忘
記以禮相待。

女人最大的特點，就是自尊心特別強。

女人其實相當清楚自己的這項弱點，所以會拚命掩飾，不讓
別人有機會碰觸它。由此推得，想要疏遠一個女人，甚至讓她與
你斷交，最有效且直接的辦法，就是傷害她的自尊心。

反之，要取悅女人，就須小心防範，避免觸及她的弱點。如
果有辦法提高女人的自尊心，就能讓女人更樂於與你交往，和你
維繫長久的關係。

可惜的是，很多男人的都不懂這個道理。他們都忽略了男人
本就不應該尖酸刻薄，尤其是在自己喜歡的女人面前。

平常如果肯花心思去發掘女人的優點，除了親近、愛護她之
外，更主動說出自己對她的尊重和感謝，必能提高對方的自信心，
從而改變她的個性，讓她更敬重、依戀你。

以下這則故事，發生在很普通的小家庭，卻相當有啓示性：

蘭茜和丈夫是一對相當平凡的夫婦，結婚多年，始終量入
為出地過日子，盡心盡力地維護家庭。可是，不知道為了什

麼，兩人經常為了芝麻綠豆大的小事情吵嘴、生氣。

難道是婚姻出了問題？到底該怎麼改善這狀況呢？為此，兩個人常常私下反省，卻總是不得頭緒。

有一天，突然開始發生「不平凡的事」，丈夫非但不再挑剔，反而開始誇讚起妻子來：「每次拉開櫃子的抽屜，我一定能找到我的襪子和內衣褲，謝謝妳，因為有妳，這個家才能這麼舒適。」

「你這個月記在帳簿上的支票號碼，幾乎沒有錯誤，真是不容易，謝謝妳的細心，幫了我很大的忙。」

蘭茜懷疑自己是不是聽錯了，反問道：「你以前總不是總怪我記錯支票號碼嗎？現在怎麼不那麼挑剔了？」

「不為什麼，我只是要妳知道，妳幫了我很多忙。」丈夫說。

隔天，蘭茜在店裡開支票時，不禁多看支票簿好幾眼，以確定確實沒有記錯號碼。與此同時，她也在心裡默默感到納悶：自己為什麼忽然對支票號碼那麼在乎呢？

「蘭茜，這頓晚飯真好吃。」一天晚上，丈夫又說：「辛苦妳了！仔細算算，十五年來，妳少說也為我和孩子做過一萬四千頓飯吧！」接著，他又說：「喲！蘭茜，我們家打掃得好乾淨，妳一定花了很大的功夫。妳實在是個好妻子，能跟妳在一起，我真的很開心！」

蘭茜越來越迷惑，因為丈夫原來不是這樣的，既挑剔又難伺候，說話尖酸刻薄。「話中帶刺的那個他到哪裡去了？」她禁不住在心裡嘀咕著。

　　過不了幾個星期，蘭茜逐漸習慣了老伴的新態度，不再感覺那麼彆扭，有時也能回他一聲：「謝謝你。」

　　接著，又是一段日子過去，蘭茜察覺自己的腳步越來越輕快，自信心增強許多，經常高興地哼著歌，心情也不再鬱悶了。她心想：「丈夫的新態度實在太令人愉快了，這改變真好。」

　　終於有一天，蘭茜也誠摯地開口向丈夫說：「這麼多年來，你為生活辛苦奔走，養活全家大小，而我卻從來沒告訴過你，我是多麼感謝你。」

　　能用這樣的態度經營彼此間的關係，何愁感情不好？

　　柏楊說：「男女之間，獲得愛易，獲得敬難。夫妻之間如果僅僅有愛而無敬，那種愛再濃也沒有用，總有變淡變無的一天。崇拜和輕視只隔一層薄紙，一旦瞧不起，便再也愛不起來。」

　　仔細想想，你必定會同意，這句話說得真有道理。

　　人們在社會上能夠彼此尊重，在家裡為什麼就做不到呢？

　　妻子把自己奉獻給了家庭，理應得到丈夫和兒女的尊重和愛戴，不是嗎？

　　人與人之間，無論關係已經多親密，還是得彼此尊重。千萬不要因為太瞭解對方，太親近對方，就流於隨便，忘記以禮相待。

彼此交心，才能更懂他的心

只要妳願意付出，就能換來對方等值的回報。經常向另一半傾訴心事，他當然也同樣會吐露自己的心事與煩惱。

　　人們常常用「相知以心，相濡以沫」來形容人與人之間相互支持，相互幫助。

　　實際上，這兩句話用在兩性關係上更為合適。相互安慰、相互鼓勵，對相愛的兩個人來說實在太重要了。

　　在正常情況下，兩人要共同生活很長的時間，在這漫長的人生道路上，哪能都是風和日麗呢？總難免出現各種波折。

　　在這種時候，人對人的安慰和鼓勵就十分重要了。這種安慰鼓勵，除了來自上司、同事、親友，更必須來自另一半。

　　男女之間心心相印，命運與共，能最敏感地覺察到對方的情況變化，最能深刻了解對方心中的想法，說的話最親切、最有力，對對方的情緒能出現最大的穩定作用。兩人之間相互安慰、鼓勵的意義實在太大了。

　　另一半的安慰和鼓勵，對一個人的成功有多重要，只要看看古今中外的名人傳記就可以知道。

　　法國科幻小說家凡爾納還沒有成名的時候，曾經一次次地

被出版社退稿。

當退到第十七次的時候，他灰心極了，忍不住憤而把稿子投進火爐，發誓這輩子再也不寫書。

可是他的妻子卻一把將書稿從火爐裡搶出來，並且對他說：「再試一次吧，親愛的。我相信你可以的。」

凡爾納在妻子的鼓勵下，終於決定再一次投稿，果然他成功了，而且一舉成名。

可以想見，如果沒有妻子的安慰和鼓勵，凡爾納也許就會沒沒無聞，才華終生被埋沒。

所以，世上才會有這麼多「好女人就像一所學校」、「男人是由女人造就的」……等等說法。當然，反過來說，男人對女人的鼓勵和幫助也會有同樣的作用。

經常聽到年輕情侶們抱怨：對方從不跟我說心裡話，真不知道在想什麼，而且動不動就滿面烏雲。開口問，對方卻不理自己，被逼急了，兩個人就忍不住大吵一架……

是啊，你難以洞悉她的心思，是因為她不跟你說心裡話，那麼，你知不知道，她心裡也同樣在抱怨你不對她坦白自己的心裡話？

其實，很多事情的原因，往往是出在自己身上，兩個人都互存戒心，都不願先向對方敞開心扉。

因此，要想洞悉對方的心思，兩個人之間必須敞開心扉，相互依賴，坦誠相待，彼此交心，才能達到知心。

現實生活中，即使是一對心心相印的男女，有時也會在想法上出現歧異。你這麼說，她卻那麼想，彼此難以契合。

這時候，如果能夠敞開心胸，彼此坦白自己的想法，自然就不會出現更多誤會

互相交心，不僅只是在工作中遇到不順心的事，面臨挫折、坎坷時向對方訴說，求得寬慰和鼓勵，生活中發現對方的某些缺點，或者某件事處理不妥，也不應放在心底，而是要在恰當的場合，採取適當的方式說出來，才能達到溝通的效果。

只要你願意付出，就能換來對方等值的回報。經常向另一半敞開心扉，傾訴心事，她當然也同樣會對你吐露自己所有的心事與煩惱。

愛情需要靠經營

 維持愛情的要訣就是「容忍」，愛對方就得容忍對方的缺點。並且要能認識並承認自己的缺點，願意逐漸改善。

愛情向來都與婚姻脫離不了關係。

很多人在形容婚姻時喜歡用「經營」，事實上，用這個詞彙來形容感情也十分貼切，意識到這一點的人，起碼也已經站在正確的出發點上了。

經營是一個要人花費心思小心打理的概念。經營感情和婚姻，跟做生意的相似之處，就是每個人面對它時都不願意輕易輸掉。

感情有時看起來是兩個人的事，但實際上它並沒有這麼簡單，影響兩個人感情的因素至少比我們想像的要多得多了。

感情這回事，可能涉及了身邊的親戚朋友。聰明的人可以輕鬆打理好這亂成一團的麻，但不懂訣竅的人，就常常被這團麻絆得鼻青臉腫，還不知道問題出在哪裡。

有些人認為，結婚了，甚至結婚這麼多年了，一切都已經成定局，其他什麼都無所謂了。因為太關注於另一半的一舉一動，卻忽略了其他成員的存在。一旦出現問題，只想到她怎麼了、我怎麼了，卻忘了也許還有別的原因。

現代的兩性關係，通常都有一定的感情基礎，但是停滯不前

的感情、安於現狀的懈怠都是感情變質的毒瘤。尤其對已婚的人來說，必須得顧及幾乎所有可能影響婚姻的因素，提早發現，及早解決，才可以讓幸福長長久久延續下去。

感情是要經營的，只有用心經營的人才能相伴到老。千萬別把互許終身當成終點，必須把每一天都當成一個新挑戰的開始。

在一次關於兩性愛情的講座上，主辦人特地找來一位研究感情問題的專家。只見專家走進教室，把隨手攜帶的一疊圖表掛在黑板上。他掀開第一張掛圖，上面用毛筆寫著：感情的成功取決於兩點，一是找個好人，二是自己做一個好人。

「經營感情就是這麼簡單。」專家說。

這時台下出現一陣小小的議論聲，不一會兒，終於有個人站起來說：「如果這兩條都沒有做到呢？」

這時，專家翻開第二張圖表，「那秘訣就變成四條了。」

這四條秘訣，分別是：容忍、幫助對方，就算幫助不了，仍然必須容忍；使容忍變成一種習慣；在習慣中養成傻瓜的思考模式；最後則是做個傻瓜，而且要一直做下去。

專家還沒把這四條念完，台下就喧嘩起來，有的人直說不行，有的人說這根本做不到。

等大家靜下來，專家又繼續說：「如果這四條做不到，而又想擁有一段穩固的感情，那就得做到以下十六條。」

一，兩個人不同時發脾氣。二，除非有緊急事件，否則不要大聲吼叫。三，爭執時，讓對方贏。四，當天的爭執必須當天化解。五，爭吵後外出的時間不要超過八小時。

第六，批評的言語要出於愛。七，隨時準備認錯道歉。

八，當有謠言傳來時，把它當成玩笑。九，每月給對方一個晚上的自由時間。十，不要帶著怒氣上床。

十一，當另一半回家時，你一定要在家。十二，對方不想受打擾時，就不去打擾。十三，電話鈴響的時候，讓對方去接。十四，口袋裡有多少錢要隨時報帳。十五，堅持不過沒有錢的日子。十六，給自己父母的錢，一定要比給對方父母的錢少。

專家念完，有些人笑了，有些人則歎起氣來。過一會兒，專家又說：「如果大家對這十六條感到失望的話，那就只有做好下面的二百五十六條了。總之，兩個人相處就像是幾何級數，大原則做不到，就必須再從中分出更多的小原則，並且一一做到。」

接著專家翻開第四頁，這頁是用鋼筆書寫，密密麻麻兩百多條原則。此時，專家做了一個結論：「感情如果走到這個地步，就已經很危險了。」

兩個人在一起，尤其是在一起生活，總會遇到一些意想不到的問題，有時候這些問題甚至會使你陷入困境，一籌莫展。但其實，維持愛情的要訣就只有兩個字「容忍」，愛對方就得容忍對方的缺點。

愛是一種理解，愛是一種尊重。人人都有缺點，關鍵是雙方的缺點各自能否有所認識並承認，也願意逐漸改善；當然，更重要的是，還要能夠包容對方的缺點。

共同努力，愛才能時時維繫

感情要長久，需要彼此共同努力，共同經
營，不管是營造新鮮感，或是平時的細心體
貼，都是有助於維繫愛情的良好方式。

　　始終保持溫柔的態度，是男女之間保持吸引力最有效的手段。
心理學家曾說，向對方表示溫柔體貼，是維繫感情最不會出錯的
一種方式。

　　在熱戀階段，一般的戀人都可以溫柔地相互對待，然而朝夕
相處久了，男人和女人便不再經常努力討對方歡心。

　　所以，很多在一起久了的情侶，常常以平淡的口氣回答對方
關切的問題。在對方敘述白天的經歷或傾訴感情的時候不再凝視
對方，細心地傾聽，而是表現得漫不經心。這種態度，實際上就
等於是放棄自己的吸引力。

　　對方的關切，表示對你的注意，為什麼不趁機抓住她的注意
力，給她一個溫柔的回報，讓彼此的感情有所呼應呢？

　　另一半向你傾訴心事，說明她心理上非常需要你，需要你的
同情、寬慰或幫助，此時正是發揮力量，把對方的感情繫在身上
的好機會。

　　相較之下，在一些微不足道的小事上埋怨對方，動輒發脾氣
等行為，都與溫柔的態度背道而馳，會引起不愉快情緒，也會讓

雙方關係惡化。

　　另外，相處困難也會使對方感覺到沉重的壓力，兩人生活便會蒙上灰暗的色彩，久而久之對方甚至害怕面對你，還談得上什麼吸引力呢？

　　想要紓解感情生活面臨的各種壓力，讓彼此顯得更有吸引力，不妨試著增加一些生活情趣。

　　當然，努力增加生活的趣味與新鮮感，並不僅僅是女人的事情。一成不變的生活難免單調，如果兩人一起嘗試一些戶外活動，可以增加不少生活情趣，比如打打網球、游泳、烤肉⋯⋯等。

　　這些活動不但能使生活起變化，有不同的趣味，而且從事這些活動時，雙方都會有新的表現，可以給彼此不同的感受。

　　或者，你們也可以一起參加社交活動，展現各自在待人接物上的經驗和才幹，雙方良好的表現和配合，以及這種表現在眾人面前的展示，都可以加強兩個人感情的聯繫。

　　感情要長久，需要彼此共同付出努力，共同經營，不管是營造新鮮感，或是平時對待對方的細心體貼，都是有助於維繫愛情的良好方式。

戀人的批評，請善意回應

情人的批評可以與表揚一樣成為鼓勵我們進步的「春風雨露」，而且有著表揚無法帶來的警惕作用。

墜入愛河的男女，總是極盡所能地在戀人面前表現著自己美好的一面，對於自身的一些小毛病或是缺點，則百般掩飾。

但紙總是包不住火，一旦稍不留意暴露了自己的缺點或者毛病，又遭到戀人的批評，想必心裡會覺得非常難受。

事實上，戀人在發現了對方的缺點或者毛病時，敢於批評，多是出自於關心與愛護，希望自己愛的人能夠更完美。如果對於情人的缺點或毛病總是視而不見，那表示了這兩個人之間的愛情已不復存在，因為對方的好壞與自己完全無關。

面對戀人的批評，直接衝突是非常不恰當的選擇，以下幾種方式，提供情人們作為參考：

• 聞過即改，切勿反唇相譏

對於戀人的批評，反唇相譏只會造成對方的感情傷害，以及醜化自己的形象。

例如，女方批評男友過於沉迷於網路遊戲，男友卻滿臉不悅地反駁：「妳還是先管管妳自己吧！妳不也是經常去逛街嗎？什麼時候認真唸書過了？」相信一個真心愛對方的女人聽到這種話，

一定會很傷心。

• 恢弘灑脫，切勿針鋒相對

人們常用「神仙也有看走眼的時候」，來調侃一個人對事物的了解出現偏差。一對癡心相愛的人，如果感情上出現了紕漏、瑕疵，或是揉進了「沙子」，那可是愛情王國裡的大騷動。

遇上明理、嫻雅、沉著、冷靜的戀人，也許對於批評會婉言相勸，若是遇上容易衝動、脾氣火暴的對象，那可就慘了，不管批評的事實正確與否，總是猶如疾風驟雨一般。

假如此時被批評的一方也不冷靜理智，而是與之針鋒相對，據理力爭，那麼事情就真的麻煩了。因此，即使認為戀人的批評與事實不符，令人難以接受，最好也不要立刻做出反對的意見。這樣不僅極為容易導致矛盾激化，而且還會讓人覺得你缺乏灑脫寬弘的肚量。

• 虛心接受，態度切勿生硬

無論戀人對你的批評公正與否，從感情的本意上看，都有惡意，如果能夠虛心接受，必能激發彼此的感情朝向良性方向發展。

假如真的無法接受戀人的批評，可以選擇虛心坦誠地說：「我知道妳批評我是為我好，但實際情況並非如此……」

如果你只能接受對方的一部分批評意見時，不妨委婉地說：「我同意妳的部分意見，但另一些意見我不敢苟同……」

在誠懇接受戀人批評的前提下，再以商討的虛心態度暢談自己的想法，這種作法當然會收到好的效果。

• 正視缺點，切勿尋找藉口

　　有缺點並不可怕，可怕的是不能正視缺點，面對批評不敢承認，甚至還虛與委蛇，躲閃尋找藉口。

　　當戀人指證自己的缺點、錯誤時，始終不敢正視，一而再而三地尋找藉口，開脫自身的行為，怎能不令人感到惱火、失望呢？倘若在對方批評自己的缺點之初就勇敢地承認錯誤，堅定地改正缺點錯誤，相信戀人是不會選擇放棄這段愛情的。

　　情人的批評，可以與表揚一樣成為鼓勵我們進步的「春風雨露」，而且更有著表揚無法帶來的警惕作用。因此，當戀人批評自己的缺點時，不妨以坦誠虛心的態度看待，共同尋求改善之道。

別讓性事引爆彼此的衝突

 男人若能在日常生活與性事協調上，表現出
對女方的尊重，自然能夠減低衝突的發生。

兩性相處少不了尊重，在性事方面也不例外。

性生活是每個人生理上和心理上的基本需求，不論是誰先生出這種要求，都是自然且合情合理的反應。

性事，是男女雙方共同的事。男人和女人都一樣，既有提供配合的義務，又有從中獲得滿足的權利。在這種義務和權利面前，兩性應該完全平等。

這個道理並不深奧，但在實際生活中，卻不是每一個男人都能做到。

一般而言，男性性欲強，又受到傳統觀念影響，認為女人屬於自己，想怎麼做就怎麼做，性事也以滿足自己為目的，全然不管女人是否有自覺要求，更毫不顧惜女人的身體是否病痛、是否疲勞、心情是否愉悅，只一味強行索要。結果，女人把性生活看成一種負擔、一種痛苦的義務，不僅得不到快樂，反而受到人格的羞辱。

在這種情況下，想要繼續發展愛情，幾乎是不可能的事情。要想發展愛情，男人一定要在性生活上採取尊重女人的態度，認

眞經營，力求和諧美滿。

根據國外專家研究，男女之間感情關係的變化，依照感情衝動程度、感情傾向性、舉止性質、彼此之間的親近，可能出現五個階段：

• **第一階段──纏綿熾熱的鍾情期**

這是完全受到感情和慾望支配的時期，愛人在心目中是完美無缺的英雄，性事成了最頻繁的活動，進行性愛活動時，會有著種種美麗的幻想。

• **第二階段──冷卻期**

當戀人不身旁時，身影浮現在眼前的時刻逐漸減少。

但只要對方出現在眼前，仍能很快激起正面情感，使愛戀和柔情油然而生。

• **第三階段──情感關係進一步淡薄期**

當戀人不在時，會體會到獨特的心理上惆悵，感到不自在，各種陰暗的想法侵入腦海。對方的出現，已經不能自然而然地萌生柔情和愛戀。此時必須要戀人做出某種令人愉快的、表達愛情的性行爲，才能產生明顯刺激。

• **第四階段──並非有意的反感期**

此時，戀人的某些特點被看成是一種缺陷，而成爲發生口角的緣由，心理上開始受到負面影響，會以不友善甚至敵意的態度去理解對方的言行舉止，並看作是蓄意的挑釁。

　　此外，開始從戀人目前和過去的言行中尋找破綻，希望得到分手的理由。

　　此時除了做愛，勃勃生機會全部喪失，什麼也不想做。

　　• 第五階段——公開的厭惡甚至爆發的否定期

　　這個時期，完全處於負面觀感的影響之下，戀人在自己的心目中已不是天使的化身，終於暴露出了「真面目」。

　　對方的所有可愛之處被忘得一乾二淨，缺點暴露無遺，發展到無以復加的地步，「共同生活」變成了一條束縛的鎖鍊，彼此連愛都懶得做。

　　這是最危險的階段，一點小火星，就足以造成厭惡感爆發。

　　爆發過後，接觸暫時中斷，男女雙方都需「喘口氣」。

　　當然，上述男女間感情關係週期性波動的論點，並不具有絕對性，但提醒著年輕男女做好充分的準備，迎接相互關係中可能有的感情變化，及隨之而來的各種不愉快的現象。

　　男人若能在發展婚後愛情的基礎上，主動負責，積極引導，在日常生活與性事協調上，表現出對女方的尊重，自然能夠減低衝突的發生。

PART 8.

現代男人應該怎麼看愛情

現代的愛情規則是把握時機主動追求，

封閉自己是愚蠢的，

封閉愛情則是徒勞的。

「經典蠢問題」，女人的拿手把戲

面對女人的問題，男人若想全身而退，首先得
徹底遺忘華盛頓砍倒櫻桃樹的寓言故事，想要
讓自己的情路順利，就沒有誠實的權利！

　　女人和小孩有一個共通點，就是都喜歡問一些愚蠢的問題。
　　女人的愚蠢問題總是突如其來地冒出，並且要求立刻得到答
案，讓男人防不勝防，不知如何是好。
　　以下，列出女人最愛問的幾個「經典蠢問題」：

　　•「你在想什麼？」
　　男人最恰當的回答，當然應該是：「對不起，親愛的，我冷
落了妳。事實上我正在想著與妳、以及我們的未來相關的種種，
畢竟，能夠遇見妳真的是太幸運了。」
　　顯然，這種表白跟實際所想的風馬牛不相及，不過只要能博
得戀人一笑，化解問題，就算是發揮了理想作用。
　　男人的應答指導原則，是絕對不可以誠實。

　　•「你愛我嗎？」
　　毫無疑問，男人最好的回答是：「是的。」
　　若想更進一步地表示，男人會說：「這還需要問嗎？親愛的，
我當然愛妳，而且比妳想像得更愛妳。」

這種時候，男人知道絕對不能表露出半點猶豫不耐，否則必定引發女人的疑心，甚至導致一場不必要的爭執。

• 「我看起來胖嗎？」

當女人憂心忡忡地問道：「你有沒有發現，我的眼角上多了一些小細紋？」即便男人覺得她的魚尾紋已明顯可見，仍要不動聲色地戴上眼鏡，花些時間仔細觀察，然後用力地回答：「沒有，我沒看見。」

當女人開心地問道：「你覺得我今天穿的這套服裝好看嗎？」男人要用專注而誠懇的態度說：「好看極了。」

當女人捏捏腰際的一大圈脂肪，小心翼翼地問道：「你會不會覺得我最近發胖了不少？」男人絕對要大聲否認：「怎麼會呢？現在這樣剛剛好，不是嗎？」

• 「你認為她比我漂亮嗎？」

歡樂的聚會結束後，女人會緊緊挨著男人，小心地問道：「我和你朋友的女友，誰比較漂亮？」

事實上，對方的女朋友是模特兒，無論氣質容貌都勝出許多，根本連比都不用比，但男人絕對不能說實話，否則事後必有一番「酷刑」伺候。

最安全的標準答案，是毫不猶豫地搖頭說：「那個女的一點氣質也沒有，不是我會看上的類型，拜託！根本就不能和妳比。」

女人聽了，會佯裝驚訝說：「你騙人！我哪有她美啊！」但是，接下來的一路上，保證她笑得比中了樂透還開心。

當女人試探性地問道「歷任女朋友中，誰對你最好」時，男人的答案永遠只有一個，就是面前這個正向自己提出問題的女人。

如果可以，絕對要深情地緊緊擁住她，認真地回答道：「相信我，只有妳是真正凡事爲我著想、對我好。」

● 「如果我死了，你怎麼辦？」

千萬別怕噁心，最正確的答案：「親愛的，如果妳死了，我也沒有什麼好活的了。」

或許，男人認爲如此回答太過愚蠢，那麼，聽聽以下這則笑話吧！

女人：「親愛的，如果我死了，你會怎麼做？」

男人：「哦，親愛的，我會很傷心的。」

女人：「你會再婚嗎？」

男人：「當然不會。」

女人：「你不喜歡婚姻生活嗎？」

男人：「當然不是，親愛的。」

女人：「那你爲什麼不願意再婚？」

男人：「呃！那好吧！我會再婚的。」

女人：「什麼？你這死沒良心的，竟然真敢再婚？」

面對女人的問題，男人若想全身而退，首先得徹底遺忘華盛頓砍倒櫻桃樹的寓言故事，更別妄想成爲華盛頓第二。

記住，想要讓自己的情路順利，就沒有誠實的權利！

幾乎所有處於戀愛中的女人，都會一而再、再而三地提出一些足以讓男人不知所措的問題，例如最經典、最常見的一個問題：「親愛的，你有多愛我？」

再例如，女人會滿腹心機地問身邊的男人：「你過去比較愛我，還是現在比較愛我？」

　　這個問題十分陰險，如果男人回答「過去比較愛妳」，那就是代表現在不愛她，保證會被當場甩一個巴掌。

　　那若是換個答案呢？「現在比較愛妳」，這似乎是個理想的回答，但也可能招致反效果，因為女人接下來一定會展開狂風暴雨般的攻擊：「你說現在比較愛我，可是我感受不到你的愛意。你變得比以前冷淡很多，我生日的時候連束花都沒有，這樣還敢說愛我？」

　　女人的問題裡，處處藏著陷阱。

　　除去以上提出的幾個，女人經常掛在嘴邊且讓男人一個頭兩個大的難纏問題，還有許多，例如：

　　「如果我和你媽媽同時掉到水裡，你會先救誰？」

　　「你是喜歡我的身體，還是我這個人本身？」

　　「你相不相信世上有永恆的愛情？」

　　「我和你，誰愛對方更多一些？」

嫉妒足以扭曲女人心

小小的嫉妒是刺激情感活絡的良方，過度的
嫉妒則會成為扭曲人心的殺手。

曾經有人說：「男人可以不把一個女人當回事，但切不可在
她面前誇讚另一個女人長得美。」

這話一點也沒錯。女人的嫉妒心非常強烈，而且沒有半點道
理可言，絕大多數男人都無法招架，也無法理解。

一般來講，男人大半不會因為某個女人的丈夫或戀人很英俊、
很能幹，而產生嫉妒心理，愛上這個女人。但可笑的是，許多傻
女人卻經常犯下如此低能、誇張的錯誤。

生活中，隨處可見這樣的情況：一個女人會莫名其妙地因為
某個男人身邊有著叫人忍不住嫉妒的漂亮妻子，因而鬼使神差地
對這個並不怎麼樣的男人產生好感。

這究竟算是一種什麼樣的心理呢？

簡單來說，就是嫉妒。她並不是真的愛上了那個男人，而單
純因為嫉妒擁有那個男人的女人。多麼可笑，不是嗎？

誰都知道，女人最大的特點，便是嫉妒心強烈。這種心態常
常是有毒的，一旦嫉妒起某一個人、某一件事，爆發出的能量不

但猛烈，而且持久。

強烈的嫉妒心一旦發作，便勢如洪水猛獸，足以使她們陷於失去理智的瘋狂狀態，如同著了魔一般，令人恐懼。

對事愛憎分明，對某一個人、對某一個細節，只要曾經產生過嫉妒心理，便永遠都無法釋懷，這就是最讓人感到恐懼的女人心。女人的嫉妒心，猶如一座隨時都會猛烈噴發的「活火山」，而男人就坐在這「活火山」的口上……

女人的嫉妒是完全不分時間、地點以及場合的，隨時可能爆發。嫉妒屬於非理性的情感範疇，幾乎沒有任何規律可循——女人並不是在覺得該嫉妒的時候，才容許自己表現出嫉妒的。

面對女人表現出的嫉妒，男人很可能感到不可思議，在心裡納悶道：「有什麼大不了的呢？怎麼會連這樣的區區小事也嫉妒？」可是，事實擺在眼前，女人不但嫉妒，而且還嫉妒到不可抑制的程度。

嫉妒是一種情緒的激烈反應，許多愛情故事最後落得悲慘結局，都是因為過分的嫉妒所致。

當嫉妒之火熊熊燃起，足以把一份美好的情感毀得一乾二淨。

男人在合適的情形下，可以輕描淡寫地對女友說起自己曾經愛過的女人，但務必得注意一點：萬萬不可強調自己對她有多麼喜愛、念念不忘，更不可著重於跟那個女人在一起時的感覺是多麼快樂美好。

若是男人不懂得這個道理，那就等著瞧吧！話還沒說完，必定便會馬上感受到身邊女人濃濃的妒意。

　　我們所說的情緒，乃是由無數細碎的感覺集合而成。眞正刺激女人、使女人的心情跌宕起伏的，正是那一個個細微的感覺。感覺正是最折磨人的東西，影響力甚至大於思想，是引燃嫉妒火苗的媒介，也是使嫉妒之火燃燒的「材料」。

　　女人會隱隱地嫉妒男人和前女友相處的點滴細節，例如他們曾在雨中奔跑、並肩在海邊看夕陽，並感到內心隱隱作痛。若是日後碰上類似的狀況，她必定會毫無預警地向男人發難，莫名地吃起醋來。一次兩次，男人還能忍受，但長久下去，誰受得了？怎麼還有辦法喜歡她？

　　除了情感方面的嫉妒，女人的嫉妒心還瀰漫在生活的一切領域裡。她們往往會因爲一點小事便與同性之間產生嫉妒情緒。那些小事，還眞的只是芝麻綠豆大的事情，可能只是某人的口紅顏色更新、牌子更好罷了。

　　光是如此便足以在女人眼裡構成絕對的嫉妒，更別說那些受男人歡迎的女人承受的嫉妒意念會有多沉重了。

　　小小的嫉妒是刺激情感活絡的良方，過度的嫉妒則會成爲扭曲人心的殺手。因此，千萬要小心警惕，盡可能地控制自己的感情，不要愛上受嫉妒情緒奴役的女人。

只要努力，就能追到美女

個性溫順些的美女，往往會屈服在醜男的柔情攻勢下。我們經常能夠看到外表極有魅力的女性，外出時卻由並不出眾的男性陪伴。

　　某位名人的一篇隨筆裡，有這樣一句話：「美女結婚的對象，要不是有錢人的後代，要不就是醜男。」

　　這話乍聽有些詭異，似乎並不合理，但仔細想想，我們身邊確實極少有俊男配美女的組合。

　　電影或是電視連續劇中，俊男美女的戀愛非常常見，那是因為演員們原本就都是俊男美女，所以也就理所當然了。

　　為什麼俊男美女配在真實生活中並不容易呢？

　　這其實和他們討好的長相有極大關係。

　　一個俊男，無論站在哪裡，都有辦法吸引女性的注意，所以不需要費力地藉甜言蜜語奉承女性。同理，美女因為一直以來被捧慣了，也絕對不會讓自己居於下風，討好男人。因此，俊男美女即使湊成一對，關係也會較一般情侶更脆弱。

　　演藝圈裡的銀色夫妻離婚率極高，原因正在於此。

　　說穿了，俊男美女配之所以較難長久，主要因為一直都活在被異性嬌寵的環境之中，較一般人更不願和對方進行溝通與妥協。

可以說，這就是醜男能夠與俊男一較高下的最大籌碼。

醜男的積極與努力，相較於俊男可謂天差地別，爲了把美女追到手，醜男可以不惜任何努力。

只要對方需要，一通電話，即使是深夜也會馬上趕到。女朋友生病時寸步不離地照顧，過生日時主動送上一百朵玫瑰花。這些事情，醜男都能夠面不改色地做到。

不僅如此，由於醜男的最終目的就是娶到美嬌娘，因此只要女方願意接受求婚，他什麼承諾都說得出口，包括妻子不必做家務、可以繼續工作賺錢，甚至不用跟自己的雙親一起住，簡直就跟無條件投降沒兩樣。

個性溫順些的美女，往往會屈服在醜男的柔情攻勢下。

無論是誰，娶了漂亮女人都辛苦萬分，除了呵護、順從、體貼、容忍外，最重要的是還得看管、防範，因爲漂亮老婆可是得之不易，自然大事小事都得一肩扛起，早晚常關懷，一日三詢問。

我們經常能夠看到外表極有魅力的女性，外出時卻由並不出衆的男性陪伴，這種「靚女配醜男」的現象，其實並非人類獨有，在一種名爲「古比」的魚身上，也有非常類似的狀況。

美國路易斯維爾大學教授杜加特金博士曾進行一項研究，發現外形漂亮的雌性古比魚，通常會在其他雌魚競相「追求」同一隻雄性古比魚時表現出極強的競爭意識，哪怕這隻雄魚的外表與自己並不般配。

杜加特金博士表示，雌性古比魚是研究人員迄今爲止發現的第一種與人類女性一樣，在挑選配偶時過分關注其他同性看法的動物，會在自身好勝心理作祟下選擇外表並不相稱的配偶。

　　這一現象，歸因爲「求偶從衆心理」。

　　接著，杜加特金博士在研究中對六十名男性和七十四名女性進行了測試，向他們展示一些陌生人的照片，並詢問受測者是否願意與照片上的人約會。

　　與此同時，研究人員還向每位受測者提供其他受測者對照片上的陌生人是否具吸引力的看法。

　　實驗後，杜加特金博士說：「毫無疑問，所有男性和女性受測者均喜歡外表具吸引力的人，但女性受測者卻表現出另一特點：高度關注其他同性受測者對照片上男子的態度與評價。相比之下，男性受測者便不那麼在意其他同性受測者的想法。」

　　研究還顯示，對於理想中的男性伴侶，女性受測者開出的條件是有錢、具幽默感以及親切和藹，外表長相倒是其次。

　　杜加特金博士說：「當一名女性看到其他女性對於某個男性趨之若鶩，便可能會受到虛榮心和好強心的驅使，加入競爭行列，儘管這名男性的外表看來並不十分理想。」

　　這個實驗結論說明：只要努力就能追到美女，至於長得帥不帥，其實沒有什麼關係。

現代男人應該怎麼看愛情

現代的愛情規則是把握時機主動追求，封閉
自己是愚蠢的，封閉愛情則是徒勞的。

在浪漫愛情故事滿天飛的今天，你是否可以發現，新世紀的
愛情觀雖然多元，但總體趨向務實、理性和帶有享樂色彩，同時，
在愛情關係中更注重保持個性和追求男女平等。

和這樣一種流行趨勢相適應，男人的愛情素質足以在現代愛
情中遊刃有餘，進退自如。

相信愛情，但不迷信愛情

當代男人應該相信真正的愛情是存在的，但期望它會超越一
切是不現實的。

愛情可能隨時間的變化而改變，它的消亡不一定意味著背叛，
而極有可能是自然的衰退。

對愛情作如此認識，可以使男人不迷信愛情，也就不容易受
傷和絕望。

能進也能出

男人在投入愛情的時候可以忘我，在結果出現時又可以讓理
性出頭，不管這種結果是婚姻的開始還是愛情的結束，應該就這

樣掌握著愛情的主導權，不讓自己在感情中迷失。

這就是所謂的「該出手時就出手，該放手時就放手」。

主動和開放的姿態

男人應該知道，守株待兔地等待愛情一定會錯失很多機會。

現代的愛情規則是把握時機主動追求，蔑視追求者的人必遭到他人的蔑視。

封閉自己是愚蠢的，封閉愛情則是徒勞的，男人應當知道只要建立起自信，開放，就能夠擁有愛情，而不是葬送愛情。

具有愛的能力

男人具有付出的能力、理解的能力、寬容的能力和自我承擔的能力。不要指望愛人為你分擔一切，很多東西你仍然需要獨自面對。

付出比索取對愛情更有益，也使自己更快樂；寬容對愛情有出乎意料的效果，在要求、指責、懇求都達不到目的時，寬容也許可以奏效。

有一點心理彈性

男人應當享受愛情的親密，接受愛人的疏離，鬆和緊都能悠悠掌握。珍惜擁有的時候，但一旦失去了就會趕快轉彎，不要沒完沒了地追悼過去，要相信新的愛情就在前方。

瞭解一點愛情心理

若即若離的狀態，感情最易升溫，利用這一點可以強化愛情氣氛。男人要試著製造一點小障礙，藉此使女人鬥志高昂。如果

運用得當，會形成良性的相互激勵，使愛情更穩固。

　　有一點經濟基礎

　　雖然物質和愛情不一定成正比，但有一點物質基礎絕對有益於愛情的健康生長，不食人間煙火的愛情在現實生活中難以長久。

　　愛情是超越成敗的。愛情是人生最美麗浪漫的夢，你能說你做了一個成功的夢或失敗的夢嗎？

　　無論愛情處於什麼狀況，男人都不要讓自己失去聰明。

男女間釋放出的神秘吸引力

男女之間的「放電」可以分為三個階段：第一階段：尋覓目標；第二階段：積極傳送信號；第三階段：進一步發展關係。

談到男女之間的神秘吸引力，美國韋伯斯特大學心理學家莫妮卡指出：「挑逗是人類與生俱來的本性。」

挑逗能夠幫助男女雙方儘量突出自己的長處去吸引對方，一則可測試一下雙方的感覺，二則也可增加自己的吸引力，進而捉住對方的心。

挑逗本身是一種能引起快感的行為，人們會因為自己擁有魅力而快樂開心。

這個挑逗的過程我們稱之為「放電」，「有觸電般的感覺」、「來電了」則表示對對方有了感覺。

● 偏愛「以貌取人」

挑逗的首要條件是自己必須有足夠的魅力，能吸引對方。

在男人或女人的腦子裡，往往都有一幅理想對象的構圖，當看到吸引自己的人出現後，就會將那人的外貌、特點，與自己想像中的拼圖進行核對，一旦吻合，便展開追求攻勢。難怪很多人「一見鍾情」時，都驚呼終於找到了自己的「夢中情人」。

● 「放電」有跡可尋

事實上，男女之間的「放電」是有跡可尋的，心理學家曾在飯店、酒吧等地方，做了長期的觀察研究，發現兩性之間的挑逗，可以分為三個階段。

第一階段：男女雙方進行大範圍「狩獵」，尋覓目標，倘若見到合自己心意的異性，一開始只會匆匆瞥一眼，然後便會移開目光，心裡盤算著應該怎樣發放挑逗的信號。

第二階段：由單方面發展到雙方面，雙方開始積極傳送信號，包括面部表情、姿勢及其它身體語言，根據心理學家研究發現，男女分別有一套特別的信號用來吸引對方。

男性常用的「放電」信號：

眼神：對望。

笑容：微笑。

身體：貼椅背直坐或挺腰站立，將胸部儘量伸展，顯示健美的肌肉及男子氣概。

裝扮：西裝或一身名牌裝扮，顯示自己的身分地位。

女性常用的「放電」信號：

頭髮：撩撥、撫弄或將頭髮繞圈。

眼神：輕瞥、凝望、對視、睜大眼睛。

笑容：含羞地笑、稚氣地笑、溫柔地笑、微微掀起嘴角似笑非笑。

嘴唇：輕噘、輕舔、輕咬。

頸項：輕撫頸項，突出頸部線條。

身體：挺胸收腹、臀部凸起，顯露身體線條。

動作：輕輕晃動小腿，微微搖晃身體。

裝扮：貼身衣裙、高跟鞋。

第三階段：當接收到對方的信號，男女雙方都想進一步發展關係時，便會採取實際行動，如向對方走近、攀談，在談話時會玩一些小把戲，例如把玩桌上物品之類的小動作，以期能藉機觸碰對方的指頭，展開最初的身體接觸。

• 增強吸引力

外貌在吸引異性上雖然頗重要的地位，但心理學家指出，還有其他途徑可增強自己的吸引力。

一、選擇合適環境

酒吧、咖啡廳、舞廳等公眾場合，是結識異性的好場所。昏黃的燈光可使面部輪廓看起來更美好，輕柔的音樂有助於營造浪漫氣氛，強勁的音樂則可令人態度變得較開放、熱情。

二、勤「放電」

懂得發放「信號」者，無論男女，都會較受歡迎。但需注意發放信號不能千篇一律，要不斷轉換方式。

三、突出衣飾裝扮

女人宜略施脂粉，使自己在人群中更顯眼，男士則不妨以筆挺西裝或成熟穩重的衣著，來顯示自己的社會地位。

四、適當的眼神接觸

用「心靈之窗」交流，是「放電」過程中極為重要的一環。眼神接觸最好維持一到二秒，因為時間過長會令人覺得渾身不自在，但過短又容易被忽視。

五、恰當的對話

可嘗試用一個較輕鬆的話題來打開彼此的話匣子。談話內容可觸及自己的學歷或簡單背景，進而與對方尋求共通點，增加彼此親切感。

你必須小心的幾種女人

> 在女權主義至上的女人眼裡，男人根本不是東西，別寄望她百依百順，只有你做牛做馬才有可能取悅她。

俗話說：「君子有所為，有所不為。」在對待愛情這個問題上，男人也應如此，有些女人是碰不得的，一旦中招，必將後悔莫及，因此一定要慎之又慎。

如果遇到以下這幾種類型的女人，對男人來說，就好像遇到老虎一樣危險，最好趕緊溜之大吉。

把男人當玩物的女人

她的愛情字典裡沒有「唯一」這兩個字，她懂得利用女人的天賦來讓男人心悅誠服，從不同的男人身上獲取不同的需要，同時卻運用巧妙的手法讓每個男人都以為自己才是她的最愛。

拜金女郎

她不會看上窮光蛋，因為她的愛情建立在物質的滿足上，她知道花男人的錢比自己辛苦賺錢容易，這是她選定和男人交往的先決條件。

和她交往的男人，總有金山銀山被挖光的一天，等到那個時候，男人只有落得人財兩空的局面。

歇斯底里的女人

她的專長是一哭二鬧三上吊，只要你稍稍辜負她，她就會以死作為威脅。當發現一個女人非常神經質，動不動就撒野胡鬧，你就要隨時提防她情緒失控，這也意味著你不得安寧的日子從此開始。

翻臉不認人的女人

不管好的時候有多麼好，一旦反目，她就完全變成另一個人，毫不留情地公開你們之間所有的秘密，甚至不惜玉石俱焚。

碰到這樣的女人，你最好要有心理準備，因為一旦分手後，她的報復心常常會炸得你粉身碎骨。

女權主義的女人

在女權主義至上的女人眼裡，男人根本不是東西，開口閉口都是批判男人的種種不是。別寄望她百依百順，只有你做牛做馬才有可能取悅她。除非你甘願受人呼之即來揮之即去，否則還是趕快逃之夭夭吧。

隨時準備打翻醋罈子的女人

有一種女人的醋勁之大、威力之猛，是一般男人所難以承受的。只要有她在身邊，你走在路上眼睛就別想亂瞄，和任何女性交往都必須經過她同意，否則，她的醋罈子一旦打翻，一定會活活淹死你。

弱不禁風的女人

　　她猶如林黛玉的化身，聽不得粗話，做不得重活，柔弱得連出門、回家都要你接送。簡單地說，她跟你在一起就是要你照顧她，從心理到身體。

　　除非你有被依賴癖，不然要像養小孩一樣照顧她，是會讓人吃不消的。

水性楊花的女人

　　移情別戀不是她的錯，因為她生來太易動情。她的最大特點是不放棄任何一個戀愛的機會，所有追求她的男士在她看來都別有魅力。面對這樣的女人，你只能隨時做好心理準備，她愛上你是真的，她愛上別人也是真的。

肢體語言勝過千言萬語

給她一個親吻或擁抱，女人很容易從細枝末節的小動作裡得到一種滿足和安慰，使雙方的關係更為緊密，更為牢固。

　　女人的身體有著豐富的語言表現，有時候甚至要比直接說出口的，更能夠反應內心的實際想法。

　　肢體言勝過千言萬言，能夠瞭解女人的身體語言，讀懂女人的肢體動作，便可以更加明白女人的真實內心。

身體接觸表示有好感

　　女人習慣掩飾自己的愛，但女人的體態變化卻是傳達內心真情的第二語言，如果男人不懂女人的體態語言，就可能失去瞭解和接近女人的機會。

　　和結識不久的男友外出時，不少女性喜歡親密地挽著對方的手，或是觸碰對方的身體，甚至用敏感的胸部緊貼對方的背部。如果男人因此而想入非非，肯定會碰一鼻子灰，甚至還可能遭到女友的怒罵。

　　女人這樣的身體語言並不代表她要與男人有進一步的親密接觸，她只是在表達一種好感，不代表有性慾望。這與男人的行為和心理可能大不相同。

　　從心理學的角度來看，女人較重感情，思考問題之時也往往傾向於跟著感覺走。而且她們的感官比男人敏銳，尤其是觸覺，所以女人更喜歡用觸覺的感受來替代語言表達。

　　女人觸碰男人的身體，往往只說明她和對方的心理距離已經大大縮短，對你的信任度也大大增加。

　　此時如果你用手輕拍她的肩膀，或攬住她的肩膀、腰部，而她始終順從的話，也說明你在她的內心已經得到認可。

　　實驗發現，一個女人要向外界傳達完整的資訊，單純的語言成分只佔七％，聲調佔三十八％，另外五十五％的資訊都需要透過非實際語言的身體語言傳達。肢體語言通常是一個人下意識的舉動，也是女人思想和感情的直接表達方式，是騙不了人的。

　　當一個聰明的男人向心儀的女人求婚時，不必非等她親口答應，只要看看她的身體語言，也許就明白了八九分了。

　　因此，男人在與女人交往時，不要光看對方說了些什麼，還要看對方的眼神和動作，根據她的身體語言，分析她的真實想法和對你的個人感覺。

　　很多戀愛中的女性口頭表達出的東西未必和內心想法一致，這個時候，就看你分析女人肢體的能力了。

用身體語言說「愛你」

　　唐代詩人李商隱的名句「心有靈犀一點通」，就是指戀愛中的男女心意相通。可見，伴侶的舉手投足、一言一行都代表著一定的含義，並且透過簡單的身體語言在說「愛你」。

　　如果她今天晚上破例穿了一套透明睡衣，身上還灑了一點充滿東方情調的香水，放下了白天高高盤起的雲鬢，嫵媚的臉龐在

傾瀉而下的秀髮中半掩半露，然後端著一杯冰涼的啤酒，來到你的身旁。此時你真的只想著喝酒酒嗎？有沒有注意一下她的迷人之處？

她的身體語言正在向你暗示著她的需要，如果此時你不解風情，繼續忙自己的事，一定會讓她大失所望，失去應有的快樂和甜蜜。

另外，眼神也是女人用來表達感情的一種身體語言。

如果她望你的眼神是脈脈含情的凝視，這可能就是她想做愛的身體語言。如果你在提出性要求時，她的眼神表現得有些冷漠，說明她此時並沒有這樣的慾望，即使她答應與你做愛，也可能不是完全情願的。

據研究顯示，直視是性吸引的明確信號。當你看到自己關心的對象時，瞳孔就會不自覺地增大。

因此，當你突然睜大眼睛或者久久地凝視著自己深愛著的人時，對方也會從你這種身體語言中敏感地洞察出你心頭對性愛如飢似渴的期望。

如果女人故意把就寢前的相關準備工作做得既仔細又慢條斯理，她的內心一定渴望著激動人心的事情發生。

比如她正鋪一條乾淨的床單，但又不急於完成，而是慢條斯理地把床單、被子仔仔細細鋪了又鋪。你必須能夠從她有意拖延鋪床單的動作中，讀出她渴望求歡的身體語言。

女人在使用性愛的肢體語言時，往往比男人顯得更微妙、更善於循序漸進。儘管女人也特別渴望被緊緊地擁抱、熱切地愛撫，卻不會直接地將自己的這種想法表達出來，她們會以非常含蓄的

身身體語言傳表達。

女人會因為男人很長一段時間不對她說「我愛你」，而感到疑惑不安，害怕丈夫真的不再愛她了。

如果她因此而對你不滿，最直接的方法自然是經常對她說愛她。但是女人是種很奇怪的動物，如果你天天都對她說愛她，她又會懷疑這句話的真實性，懷疑你是否只是在敷衍自己。

碰到這類情況該怎麼辦？

不妨在回家時給她一個親吻或擁抱，這些身體語言此時也可以很好地傳達你對她的感情，甚至與「我愛你」的效果不相上下。

女人很容易從細枝末節的小動作裡得到滿足和安慰，使雙方的關係更為緊密，更為牢固。

充分領會女人的身體語言，並應用這些身體語言，相信你的愛情生活一定能夠進階到更高的層次。

女人的身體，需要你的溫柔

女人的身體和心理對溫柔愛撫的需求，超出實際做愛的需要，一個擁抱、一個親吻，甚至一句簡單的「我愛你」也許就足夠了。

在性愛過程中，女人需要的不僅是直接的感官接觸，更需要被愛撫，與男人熱切追求的大不相同。因此，男人有必要瞭解女人身體的基本需求，使雙方的愛意更加濃郁。

撫摸她的頭髮

男人大多都喜歡女人有一頭飄逸的長髮，它可能已經成為女人神秘魅力的焦點之一了，男人一定也喜歡撫摸女人柔順的長髮。

但男性朋友可能不知道，女人的髮根也是她們心裡的性感地帶。因為它位於女人身體的後側，如果不注意的時候被男人撫摸，會有種猝不及防的感覺，感受到瞬間的興奮。

對那些平時喜歡挽起頭髮，或者剪短頭髮的女性，一定要注意撫摸的精細和完整。

這些女性大多有種自認為自己的髮際很美的潛在自傲，也就是說，她們心中那份想要被人觸摸的感覺也特別強烈。

當然，如果這個時候再說些：「真美呀！」或者「好讓人心動」之類的讚美，更能提高女性的心理快感。

如果在戶外，想要提高女性的興致，輕輕撫摸女人的秀髮也

是一個很有效的方法,能夠加深女人對男人的依賴。

兩人並肩坐在長椅上,或者面對背靠著樹幹的女性時,手靜靜地繞過她的背脊和肩頭,撥開她的頭髮,撫弄髮根,就可以讓她產生莫名情緒。

觸摸身體的其他部位

女人的身體是令人驚歎不已的東西,曲線柔美流暢,溫軟的感覺真的適合擁在懷中,怪不得有句話說:「溫香暖玉抱滿懷」。而且,如果巨大的男性手掌能夠觸摸到合適的部位,她會因此更加千嬌百媚。

女人喜歡親吻,可以透過親吻來征服女人。

不過接吻也要有分寸,不可以馬上就熱烈地擁吻。開始時你可以比較輕柔一點,接著再熱烈一些,然後再逐漸輕柔。親吻了她的嘴唇之後,再親吻她的臉頰、眼皮、前額、鼻子、脖頸和耳垂等部位。

如果在幾分鐘的親吻中都沒有讓你的手到處「游蕩」,只將注意力完全集中在親吻上,並且一直等著由她發出準備好的信號,那麼效果就更好了。

女人的乳房是多數男人熟悉的性感區,男人可能會犯錯誤,就是在她準備好之前,過多或過於用力地撫弄它們。這對女人來說不太好,因為過多的刺激可能會造成女性月經週期的某段時間出現乳房麻木或者疼痛的現象。

不妨嘗試「少而精」的做法,先輕輕地觸摸她的乳房,然後再將手移開,留下時間讓她反應。

如果你讓她趴在床上,並按摩她的後腰部位,一定會帶給她意想不到的快樂。這裡具有豐富的末梢神經,而且是能夠承受很

大壓力的部位，按摩這裡可以讓她感覺非常舒服和放鬆。不僅如此，它還有助於喚起性的需求，透過按摩可以促進血液的循環和骨盆部位的充血。

開始時，你可以試著用指尖進行穩定適度的按壓，如果她喜歡，可以增加一些力量，相信很快她就會感到快樂的。

女人身體的一些柔軟部位也是讓她達到興奮的點，如果你知道如何愛撫她的這些部位，滿足她身體的要求，同樣也可以達到效果。溫柔地親吻她的腋窩處、手臂內側、大腿內側或者頸窩等部位，都會讓女人覺得很喜歡。

女人也喜歡男人注意到她的臀部，這個部位可以更加用力愛撫它，不必像對待乳房那樣小心翼翼。你可以揉捏或者按壓，從後腰到臀部的撫摸會達到更好的效果。

如果你能夠透過以上這些方式讓女人達到興奮狀態，那麼再進行性交，一定可以讓雙方都得到身體和心理的極度滿足。

別忘了，對於女人來說，性生活不僅是身體的需要，更是一種浪漫的享受。

女人需要非性慾的肌膚相親

不知道你有沒有完成性事後倒頭便睡的習慣，如果有，應該好好地反省自己，這對女人是不舒服的！

女人在房事後很希望得到男人的再一次愛撫和殷勤，很需要這種心理上的安慰，否則可能會覺得孤獨。

女人的身體和心理對溫柔愛撫的需求，超出實際做愛的需要，可惜男人往往會忽略掉這點。

如果你無法避免倒頭便睡的局面，至少也應該擁著她一起進入夢鄉，別在性事結束後就把她一個人「扔」在一邊，沒有一個

女人喜歡這樣。

或者你也可以透過交談的方式滿足她的這個需要，但切記不要對她的表現妄加批評。談論性事的最糟時間就是在性行為剛結束後，這會讓對方失去興趣，並且覺得很失望，比倒頭就睡還讓她難過。

不妨選一些幽默輕鬆的話題，比如告訴她今天穿的睡衣很性感，或者與她做愛越來越愉快……等等。這些都是安撫她比較合適的語言，讓她感到滿足。

接吻和撫摸會讓她覺得愉快，甚至感到衝動。不管是在進行性事還是在平時，對女人深情的撫摸，或者其他的肢體動作如摸摸她的臉、牽牽手等，女人都會覺得得到的是男人的理解和愛，並且願意回報給男人更多的溫情。

問一個女人是什麼讓她感受到愛，她的回答可能讓人驚訝。對女人來說，一個擁抱、一個親吻，甚至一句簡單的「我愛你」也許就足夠了。

可見，女人身體所需要的，並不只是最直接的性器官接觸，而是很多非性慾的肌膚之親與溫情。

別再用那種直接的方式對待女人了，給女人多點溫柔，你會發現，你的她會越來越愛你，同時也越來越願意與你共度那美好的時刻。

9. PART

想愛，就要痛快去愛

● 表達情感並不一定要很直接，

但有時用些有趣的方法間接傳達心意，

反而能夠格外觸人心弦，

營造出別致的氣氛。

即便熱戀，也不必緊緊相黏

熱戀也需要距離，否則炙熱的愛火會燒傷彼此。聰明壞女孩要在熱戀中保持冷靜，保持距離，讓愛火持續得更久。

如果說初戀像一首雋永浪漫的小詩，熱戀就像熊熊燃燒的烈火，令人如癡如狂，心醉神迷。

有人說，熱戀是保持青春不老、精神振奮的最佳良藥。確實如此，熱戀能使人喪失理智，認為全世界沒有任何不好的東西，就連臭水溝的味道都是香的，斑駁的老牆也顯得平滑美好。

若發現一個女孩平時小得不能再小的眼睛忽然之間變大，並且脈脈含情，光芒四射，不用懷疑，這就是「熱戀」的魔力。

戀愛是甜蜜的，熱戀則可以將甜蜜進一步昇華、燃燒。

處在熱戀狀態的人，連一天不見戀人的面都無法忍受。此時，彼此的感應最強烈，恨不得隨時隨地膩在一起，和對方分享自己的快樂與悲傷。

在這段期間，即使當中的一方犯了對不起對方的錯誤，另一方也多能夠原諒。

因為時機的巧妙，一切缺點都隨之消失，對方的一切都是對的、好的，這就是所謂的「情人眼裡出西施」。

但是，熱戀也需要距離，否則炙熱的愛火會燒傷彼此。聰明

壞女孩要在熱戀中保持冷靜，保持距離，讓愛火持續得更久。

熱戀中的情侶，想要適當地降低熱度，方法有三：

• 保持一份神秘感

適度散發的神秘感，可使雙方在探索過程中，保持永不衰退的興趣。

想要培養出神秘感，首先得重視自己。不僅要不斷地完善自身的外在特徵，更要不斷地提升內在人格，充實並更新知識，強化各方面素質，加深思想上的修養，追求事業上的成就。

經常有人因為戀愛而選擇放棄個人的興趣和愛好，其實是很可惜的。只有化愛情為動力，才能不斷向戀人展現你積極向上的一面，儼然一泓永不枯竭的泉，令人回味無窮。

當然，神秘感的保持要恰到好處，高深莫測地全方位封鎖就過頭了。若隱若現、蜻蜓點水式的神秘感最為美妙。

• 保持和他人的友誼

熱戀中情侶的一大特徵，就是「重色輕友」。

事實上，人既需要愛情，也需要友誼，愛情不能取代友誼，兩者必須互相扶持幫助。否則，無論兩人世界有多麼值得留戀，心靈仍會因為缺乏友誼而感到空虛、閉塞。

友誼可以為愛情帶來新的內容、新的資訊、新的感受。

即使是異性友誼，只要是可信的，也不必排斥。千萬別對戀人的異性朋友採取粗暴、冷淡、猜疑、不尊重，甚至敵對的態度，這種態度只會傷害彼此的感情，沒有好處。

• 天天思念，但不必天天相見

　　兩個人整天像連體嬰一樣形影不離，再豐富的情話也會說完，沒完沒了接觸也會有感覺麻木的一刻。

　　「黯然銷魂，唯別而已」，一旦分開，才能發現沒有戀人的日子是多麼的寂寞、淒涼，思念與日俱增，自然懂得更珍惜在一起的時光。

　　利用這種心理，你大可以刻意地拉長見面的頻率，例如和朋友、同事出去旅遊、出差，分離一段時間，故意好幾天不和她見面，以造成彼此心理上的距離與渴望。

　　當然，保持「心理距離」也要適度，千萬別因為疏遠過了頭，造成無法彌補的缺憾。有距離才有吸引，但是，距離不要太遠。

在擒與縱之間進行愛情演習

 使用「欲擒故縱」需要講求分寸尺度，表現冷淡的時間千萬不要太長，方法也不要太極端。

《三十六計》中有「欲擒故縱」之計，意指想要抓住敵人，卻故意放縱敵人，是一種放長線釣大魚的計謀。

將「欲擒故縱」用於愛情之中，同樣能獲得絕妙效果。

事實上，只要她對你確實有一定程度以上的興趣和好感，這招就絕對能帶來正面效果，原因大致有以下幾點：

• 事物的慣性

長久處於電話頻頻、殷勤不斷的攻勢中，不論是否自覺，日子一久，都會形成思維、行為上的慣性。

一旦慣性被打破，便會帶來明顯的不適感與空虛感。

• 心態的改變

在戀愛過程中，處於高處的一方，內心必會有高傲、飄然感，看對方的眼光多為俯視，不帶有太多尊重。此時，位在低處的一方若暫停回應，不再「捧」著對方，雙方便能處在同一地位。

這種狀況的發生，將能使原本懷抱優越感的一方改變態度，開始用平等的目光看待對方，並感知對方的優點。

● 逆反心理

若戀愛當中的某一方頻繁地討好，另一方心裡一定會認為：
「我的存在是重要的、獨一無二的。」

此時，對方突然不急了，那麼在逆反心理作祟下，原本較佔
優勢的一方便會相應地著急起來，設法奪回優勢。

● 重新審視

大多數人在愛情中的價值，都必須透過異性的好感來得到肯
定。追求者眾多、受異性歡迎的人，無論男女，態度多免不了較
驕傲，對自我價值的認定也可能過分膨脹，超過實際。

當另一方的追求、討好暫停，突然出現的空檔會稍微打擊自
信，使當事者得到機會冷靜地審視自己，也冷靜地審視對方。這
種心態，較有利於彼此重新建立親密感。

對於「欲擒故縱」達到的效果，《愛經》這本書中有一個有
趣且寫實的比喻：「休耕過的農田，播種起來就會越加豐收；乾
燥的土地吸收起天上的雨水，絕對更加貪婪。」

當然，凡事過猶不及，使用「欲擒故縱」需要講求分寸尺度。
為了穩妥可靠，表現冷淡的時間千萬不要太長，方法也不要太極
端，以免讓自己的位置被遺忘、取代，或者造成難以彌補的傷害，
那就弄巧成拙了。

最後，請記得一點：使用「欲擒故縱」的大前提，在於你確
實已經獲得了她的好感與認同，否則，即使使盡渾身解數，對方
也不會為之動心，因為你對她來說本來就是可有可無的，甚至還
巴不得你就此消失，圖個清靜。

女性的溫柔，要用柔情捕捉

捕捉感情必須要有和緩的前奏、流暢的續曲，如果直接演奏激昂的主旋律，就容易嚇走佳人，甚至讓她對你產生誤解。

男人是天生的獵人，總是捕捉屬於自己的那份溫柔。在捕捉溫柔之前，應該要先了解，每個女人都需要體貼和關懷，即使她表面十分堅強，但內心依舊柔弱。

一位在事業上十分成功的女士說：「我白天時需要果斷地做出決策，我跟男人交談，與男人共事，跟男人競爭。但是一到晚上，我多麼希望能回復一個普通的女人，多麼希望有一個男人為我等門，給我歸屬感。」

這一番話正好道出了女人的天性——柔弱。

「柔情似水」給人一種多麼美好的感受。溫柔並非只是表面功夫，而是一種深層的思想內涵。

有人說：「女人愛男人的軟弱。」雖然看似荒謬，但仔細想想，卻也有它的道理。因為女人是柔性的動物，而柔能克剛。所以，如果想要克柔，就必須要用更柔弱的東西才行得通。

男人在女人面前，如果偶爾展示自己的弱點，讓女性在心理上覺得，你有求於她，你依賴於她，如此一來，她的母性就會受到激發而表現得更加突出，會不自覺地同情你、關心你。

　　捕捉溫柔，必須要抓準良機。機會不是恆常不變的，它就像是一個小小的沙粒，能夠很輕易地從你的指間溜過。

　　對於心愛的女孩，必須勇敢向她表達愛慕之意，但不能不分場合，不分地點。

　　捕捉溫柔，還要懂得應變，這種應變的能力並非全指針對女友的反應見機而動，討她歡心，還包括在戀愛的過程中，根據主客觀的條件及其變化，適當調整自己的擇偶標準和理想對象。

　　有人做了一個比喻：「若想瞭解女人，必須先瞭解大半個世界。」女人善變、敏感又矜持，想要真正瞭解女人，真的是一件非常不容易的事情。如果想品嚐愛的甜美滋味，那就還要學會等待、耐心和容忍，同時要先掌握女人的幾個特質。

　　女人有一種習性，也是她們的一個弱點，就是喜歡洞察別人的隱私，不過在洞察之後，她們就會用同情心來安慰你。

　　男人，最需要坦誠，坦誠地讓女人知道你的過去，坦誠地讓女人知道你的苦楚與煩惱。如果你的從前不堪回首，那麼她們也能夠以滿心的愛來諒解你。

　　當你遇到另一個心儀的女人，你可以將自己過去的戀情告訴她，讓她對你的處境產生同情。豐沛的同情心也是女人的一個弱點，想要攻陷一座城堡，當然要找到最弱的一個環節。

　　達夫第一次見到貝琪時，滿腔愛火便被瞬間點燃。

　　他幾乎天天去找她，不顧一切地追求。那時他年近三十，早已有了妻子和兒女，但這是父母之命、媒妁之言的婚姻，夫妻之間並沒有感情。貝琪雖然崇拜郁達夫，但只要一想到他有

妻室、有兒女，便下不了決心當破壞別人家庭的第三者。

　　經過無數次的約會，秘密的書信往來，又經過遠距離的執著追求，貝琪終於被一封長達三千多字的情書打動了。信中，達夫極其誠懇地述說了自己婚姻的苦楚，也表達了自己願為她犧牲一切的決心。

　　當你在追求情感時，絕對不能害怕失敗。

　　人人都渴望戀愛時的萬般柔情，也都不希望接受失戀的痛苦。可是現實是殘酷的，失戀不知讓讓多少人跌入失望的深淵。但感情要提得起放得下，換一種角度來想，失戀也是一種深刻的人生體驗。

　　男人在面對愛情時，往往表現得過於急切，顯得缺乏耐心。然而，捕捉感情是一段極為漫長的過程。必須要有和緩的前奏，以及流暢的續曲，如果直接演奏激昂的主旋律，就容易嚇走佳人，甚至讓她對你產生誤解。

用真心征服，用真情感動

在追求愛情的道路上，只有堅韌不拔的男人，才有希望到達勝利的終點；只有忠貞不渝、始終如一的男人，最後才能獲得珍貴的愛。

男人渴望征服女人，但不是什麼樣的女人男人都有征服的慾望。男人有個人的喜好，有自己感情的追求。

但是男人愛慕女人，卻有一致的傾向，諸如外型亮眼、身材穠纖合度、性格體貼、待人真誠、尊重他人、忠於事業、信守諾言……等等。

當然，這些優點不可能全部集中在一個人身上，只要其中幾項能夠打動男人，就會吸引目光。

喜歡在別人背後品頭論足、道人長短，或是穿著打扮不分場合、儀態不莊重，或是態度孤傲、心胸狹隘、妒嫉成性的女人，都是男人避之唯恐不及的類型。

男人的諸多優勢和長處，都是大部分女人不具備的，因此好男人總能深得女人的敬佩和仰慕。

女人在她們傾心的男人面前，往往會表現得溫柔可人，有些女人甚至會完全聽命於男人，把他當作是自己命運的主宰。

但是，並不是所有的男人，都能令女人如此地馴服。那些咒罵女人「心如鐵石」、「冷若冰霜」的男人，便是不被女人接受

的明證。

那麼，什麼樣的男人可以征服女人呢？

這並沒有一定的法則。但就一般情況而言，越是對自己有信心的男人，或是擁有越多優越條件的男人，征服女人的成功機會就越高。這些優越條件包括，受過高等教育、有著良好的修養、有想法、有智慧、性格剛毅、處事穩健、有野心、有事業建樹……等等。

女人欣賞男人的自信，仰慕男人的成功。但成功者畢竟是少數，女人要求男人的程度也不盡相同，針對各種層次的女人，其條件也會有所不同。但是男人的品德、性格、對事業和工作追求與熱愛的程度，則是大部分女人關注和追求的目標。

男人自身的優越條件，其實僅僅是誘餌，還不足以打動女人的心。女人愛慕男人，但很少主動出擊，情感表達偏向被動。男人只有展開感情攻勢，才能讓女人將自己的愛釋放出來。這個時候，男人必須動之以情、曉之以理，女人才會萌發情感，對他產生情愛。

用感情征服女人，是聰明男人的明智之舉，也是大部分女人樂於接受的方式。真摯的情感，最容易打動女人的心，女人一旦信賴男人，她便很容易主動解除武裝，再無防備。

在追求愛情的道路上，只有堅韌不拔的男人，才有希望到達勝利的終點；在對待愛情的態度上，只有忠貞不渝、始終如一的男人，最後才能獲得珍貴的愛，女人也才願意把自己的愛獻給這樣的男人。那些虛情假意、經不起挫折與考驗的男人，永遠也無法得到女人的真心。

　　成功獲得愛情的男人，也不要就此認爲一切都將會順遂如意而放鬆的警惕。如果把女人當做私有財產，對其言行進行過度的干涉，或是對女人呼來喝去，失去了尊重，那麼會使愛情之花過早地凋謝。

　　眞正聰明的男人對愛情應該倍加珍視，懂得理解和尊重女人，用心澆灌呵護這份得來不易的成果，使愛情之花歷久常新。

　　有一些心術不正的男人，受到慾望的驅使，利用金錢和暴力來達到征服女人的目的。他們愛慕女人，但不是發自內心的情感，而是源於獸性的本能。被這種方式征服的女人，迫於金錢和暴力，即使交出了寶貴的身體，也不會獻出珍貴的心，這種征服並不是眞正的征服。

　　眞正的男人，絕不會用金錢和暴力來玷污自己的人格。

　　憑藉金錢和暴力征服女人的男人，多半是外強中乾的人。他們感情貧乏，思想空虛，他們缺乏與人溝通的能力，毫無理性，對待女人就像禽獸一般。女人絕不會喜歡這種男人，也絕不會心甘情願被征服。

　　一個有理想、有志氣的女人，絕不會甘願屈服於金錢和暴力之下。眞正的男人，必須用眞情打動女人的心，用意志贏得女人的信賴，用忠誠鞏固女人的愛。

想愛，就要痛快去愛

 表達情感並不一定要很直接，但有時用些有
趣的方法間接傳達心意，反而能夠格外觸人
心弦，營造出別致的氣氛。

有些人的個性太過於靦腆，或是和朋友們打鬧慣了，不論男
的朋友或女的朋友感覺都像是哥兒們，就算真的情愫暗生最後也
說不出口。

當愛苗開始滋長之時，就必須要突破心理障礙，勇敢表達出
來，否則被人捷足先登就只能暗自扼腕。

全心全力將全副精神投注在工作上的愛迪生，每天都在實
驗室裡忙碌著，很少注意到生活上的瑣事。

愛迪生其實並非沒有意中人，他的助理瑪麗不但聰明勤
勞，而且人也長得很漂亮，個性又溫柔且善解人意。可是，因
為是工作上的夥伴，接觸太過於頻繁，他反而不知該怎麼表達
心意。

有一天，愛迪生的心情似乎很好，在實驗室裡和同事們有
說有笑，他忽然對瑪麗說：「我要娶妳！」

瑪麗聽了，以為他又在開玩笑，於是回答：「喔！那當然
好啊！」瑪麗只是隨口應喝根本就不以為意，誰知愛迪生真的
第二天帶了戒指套在瑪麗的手上。

　　瑪麗嚇呆了，沒有想到愛迪生是認真的。她其實對愛迪生也是有愛意的，只是他從不表達，她也無可奈何。

　　瑪麗接受了愛迪生的求婚，兩個星期之後，兩人就攜手步入禮堂。在婚禮的宴會上，愛迪生對朋友說：「這次的實驗完全沒有準備，雖然違反了實驗程式，但竟然成功了！」

　　表達情感並不一定要很直接，但有時用些有趣的方法間接傳達心意，反而能夠格外觸人心弦，營造出別致的氣氛。只要用點巧思，不管是含蓄的、熱烈的、生動的表達，方式，都能帶來特別的效果。

　　大文豪托爾斯泰年輕的時候喜歡上了一位名醫的女兒，可是一直都不敢對她表白，他時常到名醫家中作客，這和善的一家人對他的印象也都很好。想不到這家人以為托爾斯泰對他們的大女兒有好感，所以都儘量地撮合他們，但他其實是喜歡上他們家的小女兒蘇菲亞。

　　有一天，托爾斯泰參加名醫家中所舉辦的一個派對，當其他人正忙著跳舞交際之時，他將名醫的小女兒悄悄拉到一個角落裡，說要和她玩猜謎。他用粉筆在小桌子上寫了一些字。

　　他指著每個字的第一個字母對蘇菲亞說：「請妳將每個字的第一個字母拼起來。」所有的字母組合起來成一句話，這句話是：「我愛的是妳，不是妳姐姐。」

　　蘇菲亞羞紅了臉，點頭接受了他的愛意，這一天正是托爾斯泰的生日。

　　後來大文豪將這段浪漫的示愛經過，寫進曠世鉅著《安娜·卡列尼娜》之中，成為後世流傳的一段美談。

男女交往大不同

男人常常誤以為女性同意他的看法，女人則
認為男性對她的話毫無興趣，這是因為男女
之間表達的方式大不相同。

　　爲什麼男人與女人之間，常常發生溝通方面的障礙？其實男
人和女人各有自己的「性別語言」。也就是說，男人和女人在許
多時候，雖然使用同一種語言交談，但事實上，兩者的用語跟對
語言的解釋方式並不相通。

　　有幾個常見的狀況可以讓我們更明白這種不同。

　　• **男人講話的時間比女人多**

　　如果一個團體裡男女都有，那麼仔細觀察就可以發現，通常
說話時間比較長，而且較常發言的會是男性。

　　當這種狀況發生時，女性往往會停止談話，或者成爲兩人的
對談。

　　• **男人愛插話**

　　在男女都有的團體裡，九十六％的插話都是男性所爲；如果
一個團體裡只有男性或女性，則其互相插話的比例相當。

　　這樣的結果，就是女人更難充分表達自己的想法，男人則認
爲女人無法提出具體想法，甚至誤以爲就算團隊裡有女人，對男

人而言也沒有什麼助益。

· **女性會注視說話者**

無論發言者是男是女，女性往往比男性更專心地注視著對方。但男性對於這種狀況，往往會認為女性在聽話時漫不經心，只會賣弄風騷；女人則覺得男人傲慢自大、不尊重別人。

· **女人學習語言的能力較佳**

大多數女性對於語言的學習較為敏銳，男人會因此認為有些女人在言語上佔他們便宜，女性則認為男人智力較差或頭腦不清。

· **男人會控制談話主題**

當談話的主題受到男人掌控時，女人會覺得受到排擠或開始感到無聊，男人則容易因此失去增廣見聞的機會。

· **女性喜愛轉換話題**

在一般的討論場合中，女性提出的話題往往比男性多。結果，男人被認為枯燥無趣，只談工作和運動；女人則被視作浮躁、缺乏專注力。

· **「點頭」的用意不同**

女性通常會點頭讓說話者知道她正專心聆聽，男人則只有在贊同對方的話時才會點頭。因此男人常會誤以為女性同意他的看法，但事實卻不然；女人則認為男性對她的話毫無興趣、固執或根本沒有在聽。

・女性太常使用慣用語

女性較常使用一些補充的字眼和「女性專用」的形容詞、動詞與結構，例如，對每個人都說「很好」、「實在太棒了」，這些用詞會讓人覺得她的話不太莊重，似乎有些膚淺，或是習慣在每句話之前會說「我希望你真的不介意」、「假如」等等，這往往會讓聽者感到不知所措。

男人會因此而抓不到女性話中的重點，或者不把女人的話當真；女人則覺得有時和男人談根本沒有用。

其實，不止是對於語言的詮釋方式不同，會導致男女之間發生誤會，有時候說話時的情緒也會充分展現這種性別差異。

對於男女應該有什麼樣的情緒，以及如何表達，社會已經形成一定的社會共識，但近幾年來，男女兩性都努力學習勇敢表達出自己隱藏起來的那一面。

我們的感情世界就像火山，露出地表的只是平靜的一部分，其餘強大的威力則深深埋藏在地底下。許多男性總是展現出十足的攻擊性，永遠滿懷衝勁與動力，但事實上他們的內心也許充滿憂傷、困惑、恐懼、痛苦。女人則是往往心裡正在生氣，但表現出來的確是溫和的微笑。

要完全透視埋藏在對方心中的想法是非常困難的。

在工作場所中，女人的眼淚，很少是因為憂傷或失落而掉。當你看到女人正在哭泣，暫時先不要上前安撫、碰觸或照顧她，最好的方法就是留在原地不動，讓她盡情地發洩不滿的情緒。

若是能夠了解兩性表達方式的差異，就能夠有效減少兩性溝通的問題。

走過迷戀，讓戀情穩定「升級」

不同階段都有不同的美麗風景，走過熱切且
令人暈眩的迷戀，迎向穩定發展的依戀，這
就是愛情的成長。

　　戀人的相遇，就像是兩種不同物質接觸後產生的劇烈化學作用，足以讓雙方感受到明顯的變化。

　　談過戀愛的人，必定知道迷戀是一種什麼樣的感覺：心曠神怡的陶醉，尋死覓活的折磨，無數輾轉反側的不眠之夜，以及魂不守舍的白天。

　　沉浸在戀愛的幸福或者苦惱中的男女，會在課堂上或辦公室裡做著白日夢，忘記自己隨身攜帶的東西，錯過應該轉彎的路口，只一心盤算著將要說的話，忘我地沉迷於戀情裡，期待著與對方的相會。

　　看在他們眼裡，聽在他們耳裡，戀人的笑聲就像滋潤心田的甘泉，戀人神情上任何一點微小變化，都能讓心臟狂跳。

　　陷入熱戀的人會做出愚蠢的行為，說著毫無邏輯的傻話，過於誇張地大笑，毫不隱瞞地表露心底的秘密，頻繁地彼此擁抱和接吻，巴不得全世界都知道自己正沉浸在無與倫比的幸福裡。

　　從人類有文字與文化開始，就不斷有詩歌、書籍、歌劇、戲

劇、神話和傳說之類作品誕生，描述人與人的相互迷戀。儘管為了愛情，男孩女孩無數次地捨棄了家庭和朋友，為伊消得人憔悴，甚至釀成慘痛的悲劇，但卻極少有科學家對這種感情進行較詳盡的研究。

你曾迷戀過任何人嗎？

當一個人開始覺察到「某種異樣的感覺產生」，就可能是迷戀的開始，正如一個女孩所形容：「我的整個世界都變了，有了一個新的中心，這個世界的新中心就是他。」

接著，迷戀過程出現下一個顯著特徵——闖入性思考。

關於「愛慕對象」或者心上人的種種想法，開始侵入到妳的腦海中。她所說的每句話不停地迴盪在耳邊，她的微笑使你陶醉，以至於久久不能忘懷。你想知道所愛的人會如何看待你正在讀的一本書、你剛看過的一部電影，或者是你在辦公室裡碰到的問題。你們一起度過的每一刻都變得非常重要，而且經常反覆地浮現在腦海裡。

如果迷戀對象沒有積極的回應，迷戀的一方必會感到心神恍惚，惴惴不安，直到對方做出恰如其分的解釋，彼此的關係才能夠繼續發展。

有趣的是，「迷戀」感情的最顯著特點，正是矛盾。

迷戀是一種強烈的感情表現，程度有輕有重，有如搖晃的鐘擺，一頭是令自己魂牽夢縈的人，另一頭是周圍的其他一切——包括工作、家庭和朋友。而這種瘋狂的感情，只有一小部分與性聯繫在一起。

為什麼愛上的是她而不是別人？明明有其他更多更好的選擇，

不是嗎？這種現象，只有「迷戀」可以解釋。

迷戀是一個過程，它會誕生，理所當然也會衰減。

知名作家愛默生說：「愛情在追求過程中是最強烈的，友誼在相互佔有時是最強烈的。」

在某種程度上，這句話有相當的道理。

對二十幾歲的年輕人來說，熱烈的互相傾慕可能僅僅持續一個星期，而那些遠隔重洋或者由於其他因素不能經常見面的情人來說，則可能維持好幾年。

迷戀感情要持續下去，必須讓它得到昇華，轉為「依戀」。

依戀是一種溫馨、舒適且安全的感覺，許多情侶都這麼認為。與戀人處於依戀階段的男女，大腦會自然地產生內啡肽，讓自己獲得更多的安全感、穩定感和平靜感。

不同階段都有不同的美麗風景，走過熱切且令人暈眩的迷戀，迎向穩定發展的依戀，這就是愛情的成長。

PART 10.

提防女人的小伎倆

女人不但小伎倆多，還有靈巧的智慧，

他們會時不時地對男人耍小手段，玩弄新花樣，

渴望把妹或正在談戀愛的男人，千萬要小心。

不守時，有時是拒絕的方式

女人對遲到這件事，已經發展出一套男人無法理解的複雜邏輯，是證明自己在對方心中身分地位的方式，更是磨練男人耐性與意志力的考驗。

許多男人都吃過女人不守時的苦頭。

不少女人不認為不守時是大問題，反而認為遲到是對男人的一種考驗。如果男人真心喜歡自己，就算等到海枯石爛也該無怨無悔。

如果你看過《親愛的老婆》這本書，應該知道侯文詠當初也接受過「不守時特訓」。

如果說，乖男人是女人不守時折磨出來的，那麼，不守時女人就是男人縱容出來的。

由於男人對感興趣的女人十分遷就、萬般討好，便沒有約會原則。女人是反應器，只要不守時的行為得到男人認可，她就會養成習慣。

可是，偏偏有些型男說什麼也不能容忍不守時的惡習。這種男人認為：妳可以遲到，我當然也可以不等。

女人遇到堅持守時原則的型男，為了愛，會忘記「不守時特訓」這回事，在型男面前變成守時的可愛女人。

　　遲到是女人用來折磨男人的方法，有時也是拒絕的表現。

　　有一些臉皮厚的男人，會像蒼蠅般不厭其煩地追逐女人。女人不想直接拒絕，但也完全沒興趣，便只好用不守時的招數去對付，希望對方可以知難而退，別再苦苦糾纏。

　　不管怎樣，不守時已成為女人的通病。然而，男人卻不敢這樣。女人對男人的時間觀非常在乎，很少有男人敢在約會中讓女人傻等。

　　男人只要一不守時，就會在女人心中留下壞印象，第二次遲到，就等著接受女人的拒絕告白。

　　在女人心目中，守不守時是檢驗男人的標準，但男人卻沒有勇氣把守不守時也作為檢驗女人的標準。

　　女人對遲到這件事，已經發展出一套男人無法理解的複雜邏輯：遲到是女人矜持的表現，是給男人的「不守時特訓」，是證明自己在對方心中身分地位的方式，更是磨練男人耐性與意志力的考驗。

　　於是，有些女人堅持約會不能太守時，否則會失去在男人心中的地位。

　　女人不守時是普遍現象，因為天生缺少時間觀念，不僅會為了化妝打扮耗去幾個鐘頭，出門時又可能突然想起許多事。婆婆媽媽、拖拖拉拉，就是女人的特色。

提防女人的小伎倆

女人不但小伎倆多，還有靈巧的智慧，他們會
時不時地對男人耍小手段，玩弄新花樣，渴望
把妹或正在談戀愛的男人，千萬要小心。

　　想把到正妹的男人，長得帥不帥並不是重點，重要的是你是
否讀懂正妹的內心，懂不懂她的言行舉止代表什麼意思。只要掌
握了把妹心理學，在對方面前適時展現自己，就能贏得芳心。

　　人們通常說：十個女人，就有十個是小心眼。
　　這話有些偏頗，但女人小心眼多，小伎倆也多，卻是事實。
　　作為一個男人，得處處小心女人的考驗。

　　女人總喜歡在男人面前來些大大小小的惡作劇。
　　常常可以見到這樣的情形：一個男人跟一個女人約會，說好
八點鐘，她卻姍姍來遲半個小時，八點半鐘才到，或者相反，她
比他早到十分鐘，卻不露面，而是悄悄地藏在一個他看不見她，
她卻能看得見他的地方，從暗中察看，考驗他對她的感情是否可
信。男人急得抓耳撓腮，女人躲在一旁嗤嗤地笑……

　　再比如，一個女人會在男人面前說自己塗抹的這種口紅，顏
色一點兒也不好看，還會說她穿的那件裙子好像過時了，更會說

現在的髮型叫她覺得難受等等。

這種時候，她真正的意思，是想讓男人誇獎她的髮型，誇獎她的裙子，以及讚美她使用的這種口紅。

男人可不能聽她自己在那裡說，也就跟著瞎起鬨，要那樣的話，可就真正地犯大忌了。

再比方說吧！女人有時候會故意裝作漫不經心的樣子，在男人面前淡淡地提起另外一個他不但認識而且還頗有交情的女人：「哎，我說，那個某某人長得可真漂亮啊！笑起來也很性感。男人們都會喜歡像她那樣的女人的，你說是不是這樣啊？」

男人究竟該說是，還是該說不是呢？

假如他說「是」，她就會歪著腦袋，緊接著再問一句：「她還很溫柔呢！很會討別人的歡心，是不是啊？」

這回，她一腳又將「皮球」踢給他了，要是他不用一個「是」或者「不是」準確地回答，男人又將如何回答？

他也許會說：「我哪裡知道她溫柔不溫柔啊……」

她就淡淡地笑了，接著說：「你可真虛偽啊！怎麼連一句實話也不敢講？人家漂亮就是漂亮嘛！溫柔就是溫柔啦！性感就是性感嘛！這有什麼啦？看你緊張成那樣。」

最終，男人老實地回答說：「對的，她的確既漂亮又溫柔，還多多少少有點兒性感……」

她一聽，就會馬上窮追不捨地問他一句：「在你們男人的眼裡，這種女人很可愛，是不是？」

這時候，忽然間，男人就從她的話裡感覺到了一股異常強烈的別樣味道了。他就像是一隻掉進了陷阱裡的兔子，渾身的神經突然地緊張起來。

直到這時候，男人心裡才恍然大悟，原來她在這裡「埋伏」著，等著自己——請君入甕吧！

女人這樣問男人的目的，無非是想要看看他對她之外的女人的反應，以便從中找到自己的位置，如此而已。

每逢這種時候，男人可得繃緊自己渾身的神經，千萬不能犯糊塗，嚴密防範可能的小心眼，提防這小小的「詭計」。

女人不但小伎倆多，還有靈巧的智慧，他們會時不時地對男人耍小手段，玩弄新花樣，渴望把妹或正在談戀愛的男人，千萬要小心。

年輕女孩為什麼喜歡老男人？

有戀父情結的女人，會在潛意識裡將男人的成功轉化為對父親的尊崇，讓自己陷入感情漩渦裡。女人就是這樣一種神奇卻又可愛的動物。

調查中發現，越來越多年輕女性選擇「父親級」的男人作伴侶，原因是年紀大一點的男人可以給予父親之愛、兄長之愛、男女情愛，三位一體，充分滿足女人期望被寵、被愛、被嬌慣的心理。

一位婚姻專家認為，女孩找比自己大很多的男人作丈夫是需要勇氣的，而縱觀「父女戀」案例，幾乎九十％是男人要有權、有錢，婚姻關係裡不可避免地帶有強烈的功利性。

過去，人們認為，「老男人」受年輕女性的青睞，是因為他們有錢。學者普勞克斯則說，伍迪艾倫、麥克道格拉斯這些影星，上了年紀仍讓女人著迷，是因為基因使他們看上去魅力十足，越年長越顯得出色。

老夫少妻似乎已成時代潮流，從好萊塢電影上可以得到啟示，理想的丈夫已不再是小白臉，臉上不再潔淨無瑕，而是滿刻著生命軌跡的皺紋，以及在社會上掙扎造成的辛苦風霜。

這種婚姻在美國最為普遍，而在華人社會也日益增多。

從前的男人，如果有一位比他小十幾二十歲、年輕美貌的太

太，用不著打聽，準是愛妾無疑，而今日則不然。

年輕的女孩，爲什麼喜歡「老男人」？一言難盡，各有各的原因，分析起來，大致可得六點：

• **有些女孩子認爲年長的男人善解人意**

這一點確實有幾分道理。毛頭小夥子每天對鏡整裝，心裡眼裡都是自己，對女朋友或老婆根本就不在意。

年長的男人則不然，天天伺候老闆或顧客的臉色，自然練就一套察言觀色的獨到心得，只要一個小動作，就知道對方下一步要做什麼。這一點對女孩子最最重要，相當管用。

她一皺眉，他就連忙問：「有什麼不對勁嗎？」

她一咳嗽，他就連忙爲她捶背說：「我陪妳去看醫生！」

她站在百貨櫥窗前，剛瞄了一下那項鍊，他立刻笑笑地說：「顏色眞好！」明天就把項鍊送到她手裡。

毛頭小子就做不到，一則他們個性剛強，不肯討好女人；二則他們能力有限，就算想花大錢買鑽石也做不到。

• **有些女孩子往往愛慕已有成就的男人**

這種吃現成飯的心理，說是虛榮也可，說是實際也可，確實有些女孩子較喜歡那些有地位、有錢，或有名望的男人。

事業好比一條船，如果嫁年輕的丈夫，就得親自動手，並肩建造，弄得滿頭大汗，血流如注，等到好容易把船造好，容顏凋矣，年齡老矣，而且還有一種危險，就是自己可能坐不上船。

可不是嗎？天下多少夫婦，共同創造一番事業，等到功成名就，丈夫需要一個「拿得出去」的妻子，竟把太太趕下了船。

嫁給那些已把船造好了的年長男人，便無此弊。

• 有些女孩子認為跟年長的男人談戀愛，能給她們安全感

事實上，女孩子跟年長的男人在一起談戀愛，反而最容易失身。他若不想得到她則罷，如果想得到她，必定使出渾身解數，會用種種巧計妙策，佈置氣氛，製造情調，安排情況，然後巧言花語，讓年輕女孩子撲通一聲往陷阱裡跳。

• 有些女孩子覺得跟年長的男人在一起，她才真正的成為大人

天下再也沒有比女孩子更嬌嫩的，千金小姐真像春天屋簷下的冰，日曬不得，一曬便消；風吹不得，一吹便斷；手碰不得，一碰便要墜地。父母親友擔心萬狀，扶之撫之，唯恐她無知受騙，那種永不被當作大人的委屈，遇到年長的男人，便煙消雲散。

吃飯時，她說去哪裡就去哪裡；買衣服時，她說買什麼就買什麼；佈置房子，她說怎麼就怎麼。

這不是任性，而是男人發自內心的真正尊重。

年長的男人懂得尊重女人，年紀輕的男人則動不動就愛和女孩子鬥嘴，兩相比較，女人當然寧願選擇被尊重，而不是成天你一句、我一句爭得面紅耳赤。

• 有些女孩子認為，只有年長的男人對她才體貼入微

年長的男人會像父親照料小女兒一樣，照料自己年輕的妻子。很多這樣的丈夫，晚上都是自己帶孩子，而讓妻子靜靜地在另一床上做美夢。僅此一點，可知苦心，而女人就是吃這一套。若換一個毛頭小伙子，自己睡覺都來不及，哪裡還會顧及其他？

• 多數女孩子認為，年長的男人有經濟基礎，比年輕人慷慨

　　並不是說女孩子們都愛錢，而是現實生活中，無論戀愛與婚姻，都非錢不可。

　　買車，不要錢嗎？

　　吃飯，不要錢嗎？

　　無論做什麼事情，沒錢都萬萬不可。

　　剛畢業的年輕男人什麼都沒有，得一磚一瓦打基礎，除非家裡有金山銀山，否則經濟狀況不會寬裕。

　　而年齡差距使老丈夫抱著歉意，他們不但不高喊節約口號，且以女人肯花自己的錢為榮。

　　不過，也有些情況下，對某些愛「老男人」的女孩，她追尋的不是「老男人」本身，而是父親的影子。

　　有戀父情結的女人，會在潛意識裡將男人的成功轉化為對父親的尊崇，讓自己陷入感情漩渦裡。

　　女人就是這樣一種神奇卻又可愛的動物。

解開心靈深處的死結

當女人的排斥情緒出現時，不妨先冷靜下來，釐清她們的想法，找出心靈深處的死結，並一舉解開。

無論是男人或女人，都會對某一些現象產生心理上的排斥反應。不過在女人身上，這種傾向更加明顯。

強烈的排斥反應，是女性與人交際過程中普遍存在的一種心理障礙，若是過於嚴重，可能讓男性產生反感。

有些女人，會習慣性地以仇視的目光看待別人，原因多來自童年時期在家庭或學校受到的排斥，從而使她產生「別人仇視我，我當然也仇視他們」的心理。

這一類女人，對不如自己的人，以不寬容表示敵視；對比自己優秀高明的人，用敢怒不敢言表示敵視；對處境和能力與自己相近的人，則藉攻擊、中傷等手段表示敵視。

強烈心理排斥情緒作用下，周圍的人隨時有遭受傷害的危險，可想而知，不會有男人願意與她往來。

女性特質之一，就是普遍具有生物學上的堅強，但在另一方面，又或多或少殘留些許幼兒習性。無論心理上、感情上，她們都很難忍受強烈刺激，對事物的喜好或厭惡表現，極為明顯。

　　此外，女人渴望著某件事物或對某人特別關心時，精神狀態必會顯得亢奮而敏感，渴求程度越強烈，興奮便越明顯。但是，當情感關注的對象突然出現在眼前，她反倒可能因為承受不了強烈刺激，產生排斥反應。

　　事實上，人類本身就會有一定的排斥反應，比如，好幾天沒有吃東西，極度饑餓的狀態下，終於找到食物入口，按理是很好的事，身體卻會產生排斥，把吃下去的東西全部吐出來，並感到極度不適。

　　一個女性，即使她的防護本能原本就很堅強，但在精神生活上，仍免不了屢次產生排斥反應。日常生活中，即使是灑脫活潑的女性，也很難很自然地走到愛慕的男性面前，即便不至於產生排斥情緒，還是難免感到忐忑不安，手足無措。

　　此外，經常有女性對男性長胸毛和鬍鬚等自然現象表現出抗拒，對有關「性」的討論極端厭惡，對男人懷有敵意，這些現象，往往也都是由過度關心所引起。

　　在與「性」相關的問題上，女性最容易顯示排斥反應。她們一方面認為性和感情有密不可分的關係，但在另一方面又把性當成一種忌諱之事，不願和別人提及。這種心理反應的產生，與被壓抑有極大的關係。

　　女性排斥反應的背後，其實隱藏著深深的關心和期望。

　　身為男性，當女人的排斥情緒出現時，不妨先冷靜下來，釐清她們的想法，找出心靈深處的死結，並一舉解開。

女人從觸摸中建立安全感

 正在熱戀中的女人，無不喜歡牽著情人的手，確認他的存在，增強安全感，然後藉肢體接觸把自己對他的好感傳達過去。

男人與女人溝通時，僅做口頭上的說明，是不大容易使女人信服的，若能再加上觸覺的感應輔助，說服力將可望大大地提高。

法國名著《紅與黑》，是一本細緻描寫男女戀愛心理的作品，對於女人的這種心理特質，就有相當深入的描述。

小說當中，有一位英俊的男子，走在庭院裡，情不自禁地拉著他所愛慕的夫人的手。或許正是因為牽了手的關係，夫人於是對那位俊男產生好感，悲劇便就此開始。

這種戀愛的表現方法，在心理學上，叫作實際投射法。

與男人相較，女性確實是更喜歡觸摸的動物，這種慾望尤其會在購物過程中得到淋漓盡致的表現。

以購買衣服為例，若是沒有摸一摸，揉一揉，他們便很難真正下定決心。就連衣服之外的其他東西，也會希望在購買前先用自己的手加以鑑定。

曾有一個推銷員在分析自己的成功之道時，認為順利取得消費者信任的主要原因，就在於他懂得女人的心理。

　　他在女人面前做宣傳的時候，一定會鼓勵對方主動摸一摸自己的商品。女性顧客摸過商品後，因為實在感產生，自然地，購買欲會得到提高，成功也就手到擒來了。

　　即使是買給孩子們吃的糖果、餅乾，女性顧客也會想要用手去捏一捏，以鑑定品質的好壞。若是商品以不透明紙袋、塑膠袋包裝，不論外觀設計得多麼精美，仍會讓她們感到有些不安。

　　另外，對已經懷孕生子的女人，擁抱孩子的喜悅，也是一種觸覺上的滿足，足以激發內心的無限喜悅。

　　在女人的認知裡，內在各種想法或外在表現方法，仍以動物性感覺佔最大比例。觸覺的敏感度，可說是五感中擁有最強反應傾向的一項。

　　正在熱戀中的女人，無不喜歡牽著情人的手，這也可解釋為由於觸到對方，在無意之中確認他的存在，增強安全感，然後藉肢體接觸把自己對他的好感傳達過去。

　　如果你不懂得情人的需求，不妨透過一些親密溫柔的小動作進行這樣的觸碰。

別和輕浮的女孩談戀愛

 男人當然不會排斥和輕浮的女人逢場作戲，
但很難產生真感情，付出關心，長久地交往
下去。

　　過分保守的女人會令男人望而生畏、卻步不前，同理，輕浮
招搖的女人也很難得到男人的「真心」喜愛。

　　遺憾的是，越來越多女人被現代社會強調享樂、崇尚虛華的
偏差價值觀迷惑，走上了輕浮的路。

　　談戀愛之前，請務必先靜下心，自問：我喜歡的，是一個輕
浮的女人嗎？

　　輕浮是藉強烈的自我表現欲來推動的，所以輕浮的女人最喜
歡當眾和男人打情罵俏，而且期望受注目。周圍的人越多，表現
的勁頭就越大。

　　所有輕浮的女人，都希望在花花綠綠的世界裡佔有一席之地，
嚮往成為男人仰慕的中心，得到有如眾星拱月的待遇。無論任何
時候、任何場合，她都想成為最豔麗的花朵。

　　這樣的女人，一年之中可能會過好幾次「生日」。誰也說不
清楚她的母親究竟是在哪一天把她生下來的，因為她自己也不在
意。生日究竟在何年何月何日不是重點，重點是當壽星的那一天，
能夠理所當然地享受被簇擁、被寵愛的快感。

　　輕浮的女人一般都擁有充沛的精力，像一隻花蝴蝶，整天在男人堆中穿梭往來，永遠也不覺得疲累。即使有時候口口聲聲說自己「實在累死了」，也絕不等同於真正的累。

　　從她們口中說出的累，只是一種變相「突顯自我」的手段，她們的真正意圖，在藉刻意示弱爭取男人的關心。

　　輕浮的女人喜歡出風頭，似乎風頭出得越足，她們的生活便越有意義。這樣的女人，只要能成為男人的注目焦點，被眾多男人圍繞，就會感到無比的滿足與驕傲。

　　輕浮的女人都有一個最高目標，就是作「大眾情人」。無論面對什麼樣的男人，她們都能隨時發出情感暗示，甚至是十分露骨的性挑逗信號，就如那些藉散發氣味吸引異性的雌性動物一樣。

　　她們絕不放過任何一次和男人調情的機會，就算自己根本不喜歡對方，也不希望從對方身上得到什麼，但基於自我滿足的虛榮感，還是會願意和對方打情罵俏，製造曖昧氣氛。

　　一般來說，這樣的女人理解力比較差，同時也非常擅長裝聾作啞，即使別人說出的話裡充滿極明顯的揶揄、譏諷，她也聽不出來，反倒以為受到讚美，得意洋洋。

　　輕浮的女人所要的、所追求的，其實就是一種洋洋自得的「自我存在感」。

　　我們知道，輕浮常常是與淺薄互相聯繫的，越是淺薄的人，就越可能具有輕浮的性格。

　　女人的輕浮，同樣是淺薄所致，除了偶爾蹩腳地附庸風雅之

外，肚子裡什麼墨水都沒有，也壓根就不想有。她們相信，只需要到處打聽一鱗半爪的「花邊新聞」，時不時地發掘些八卦和笑料，就足夠了。

生性輕浮的女人，在五光十色的染缸裡，必定把持不住自己，更禁不起物慾的誘惑，遇到稍有心機的男人，便會被他的謊言騙得團團轉，付出自己的一切。

男人當然不會排斥和輕浮的女人逢場作戲，但很難對這樣的女人產生真感情，付出關心，長久地交往下去。

與其如此，倒不如一開始就告誡自己不要和輕浮的女孩談戀愛，不要白白浪費彼此的時間和感情。

疑神疑鬼是女人的特質

過度疑神疑鬼，並不代表具有敏銳的直覺和
悟性，反而更突顯了自身的糊塗、神經質。

　　女人和男人不同的地方有很多，例如她們更傾向從事實和邏輯之外尋找答案，例如玄之又玄的解夢、星座學，有時甚至包括浪漫喜劇。

　　賭徒的特點，是非常相信自己的「手氣」與「運道」，此外也相當關注迷信和一些神秘不可解的預兆，女人也一樣。

　　許多女人都熱衷於「撲克牌算命」之類遊戲，還很喜歡找人來為自己看手相。男人會說，這一類的玩藝不過是遊戲，但女人心裡卻不這麼想，深信所謂「心誠則靈」。

　　在日常生活裡，隨處都可以看到女人請別人為自己看手相。掌心裡最主要的三條線──感情線、生命線、事業線，不用懷疑，她們最關注的必定是感情線。

　　那些女人會用十分期待的口氣說：「你看看我的情感線吧！怎麼樣？以後的感情生活順利嗎？」

　　將來究竟能夠活到幾歲，她們恐怕並不太在意，能夠在工作上得到什麼樣的成就，不過權當戲言聽，但一講到感情，她們便

馬上瞪大了兩隻眼睛緊盯著對方，反反覆覆地問：「你說我會碰到一個好對象？能看出來究竟是在什麼時候嗎？那我現在交的這一個，是好還是不好呢？還有，我將來的婚姻怎麼樣……」

女人，生來便是情場上的「賭徒」。

若有機會，任何男人都可以假裝自己懂得看手相，並完全由著興致，胡謅一通。女人非但不會懷疑，還會聽得仔仔細細、滴水不漏，即使露出半信半疑的神色，也絕不是疑心某些話的正確性，而是覺得對方似乎說得不夠多，有意隱瞞自己。

女人每遇到反常的事物或徵候，都會顯得神經兮兮，覺得那是某一件事情的預兆，可能象徵著某種轉變的到來。因此，生活中每一樣微小的徵兆，都足以使她們疑神疑鬼、心驚膽戰。

如果女人在某天夜裡做了一個怪夢，接下來幾天，她必定大受影響，陷入六神無主狀態，不管手裡正做著什麼事，都會不停地回想起夢境裡的情景。

她相信夢境肯定預示著什麼，如果那幾天眼皮又恰好不停地閃眨跳動，事情就更不得了了。

她會一遍遍地向旁人描述自己的夢境，或者翻找與解夢相關的書籍，尋求一個能讓自己心安的解答。可以想見，若她身邊的男人正好屬於比較「鐵齒」的類型，必定會感到不勝其擾。

這種女人，即使是偶爾打一個噴嚏，恐怕都會自言自語道：「是誰正在罵我或想我呢？」

還有更誇張的女人，會為偶然一個細微的特異感覺而忐忑。例如，她正在削蘋果，削到一半，手一滑，蘋果滾到了桌底下去，她立刻便感到不安起來，覺得這是個不好的預兆，暗示自己接下

來可能會碰上意外……

　　過度疑神疑鬼，並不代表具有敏銳的直覺和悟性，反而更突顯了自身的糊塗、神經質。這樣的女人，絕對不討喜。

　　感情是流動的，隨時都有變化的可能，怎麼能夠被準確地預測出來？

　　占卜的實際意義，在啓發某種心理暗示和自我想像。只有無法把握自身命運的女人，才篤信預兆和占卜，寄希望於冥冥之中的神靈。

　　因此，想追求過於迷信、神經質的女人，有必要審慎評估。

商店，為女人而存在

 女人很容易過度消費，除了因為對外表美麗的
追求，也因為她們之間總是習慣相互攀比。

有人說：「女人是一種熱衷於消費的動物。」

也有人說：「世界上的商品，起碼有一半以上是爲女人製造
的。」

更有人說：「天底下的商店，幾乎都是專門爲女人開的。」

這幾句話說得都沒錯，五花八門、琳瑯滿目的商品，的確有
一半以上是被女人消耗掉的。

女人的消費能力，遠較男人來得強。

走在街上，男人的眼睛一般會緊盯著女人們的漂亮臉蛋和火
辣打扮；女人的目光，則多半緊鎖在路邊一間間商店裝飾得漂亮
繽紛的櫥窗上。

男人的時裝，無論怎麼變，還是那個模樣，女人則不然，她
們的時裝每年都有不同的變化，每季都跟隨著不同的潮流，在不
同的國家，還會有不同的風貌，讓人目不暇給、眼花撩亂。

女人喜歡買衣服，這一點，男人們恐怕永遠不能理解。

看在女人眼裡，漂亮的衣服裝是她們永遠的樂園烏托邦。無

論是家庭主婦還是單身女子，不管為妙齡女郎或半老徐娘，都喜歡漂亮衣服。女人觀察、評論，東挑西揀，翻天覆地，將錢包裡的錢痛快地撒出去，將漂亮衣服深情地捧回來。

之後，一連幾個星期，都會沉醉在得意興奮的情緒中，但被買回的衣服的命運卻無法預料——也許根本穿不到幾次。

女性受天性使然，具有購物的「本能」，可以在百貨公司裡逛上一整天，從西門町一路血拼到東區，絕不喊累。

我們經常可以在電影或電視節目中看到如下場景：丈夫肩上掛著、背上背著、胸前抱著大包小包，神情疲憊、無可奈何地踏著沉重的步伐，走在前方的妻子則瀟灑地於人群中穿梭，目光不停流覽著櫥窗內的商品。

瑞士一所大學的研究人員，公佈了一項多年來的調查結果：長時間逛街不僅不會使女性疲勞，反而為她們再添力量。透過購物，她們能提高肌體活力，調整情緒，藉精神需求的滿足，燃起對生活的熱情。

曾有女明星說：「有時，我會感到非常強烈的購物衝動，這時候的目的不在買東西，而是調節情緒。能夠挑出一堆衣服，一件件地試穿，最後向店員說聲『對不起』便瀟灑地離開商店，對我來說是一種享受。」

甚至連商場上的女強人都會說：「情緒不好的時候，就去買點東西吧！這真的很管用。」

生在這個五光十色、物慾橫流的世界，女人們會覺得自己是幸福的。即使逛了一天最後卻空手而回，也不會覺得後悔，因為

已經從購物的過程中獲得了精神的愉悅和滿足。

　　看著街上的人潮，男人很有可能會感到納悶，心想，這些女人怎麼會有那麼多時間與金錢去血拼呢？

　　事實上，她們未必有錢，但會認為就算現在買不起，能看一看也是件好事。不去逛街，怎麼知道現在流行什麼？不去逛街，怎麼知道哪裡有便宜的好貨？

　　逛街的另一大樂趣，就是能發現「驚奇」。無論是打折拍賣還是討價還價，總會有所收穫。

　　購物時，女人對衣服的色彩、質地、樣式，皆要品頭論足一番，即使心裡非常滿意，口頭上還是要說「不」，以便殺價。這一點小本領，對女人來說非常容易，男人卻很難學到，難怪男人單獨上街買東西，回家後總難免要受到妻子的批評。

　　女人認為逛街是享受，男人認為逛街是受罪。

　　就算男人願意跟女人進百貨公司購物，女人也不會把男人的審美眼光當作一回事，除非是刻意討好。

　　男性的耐性與容忍力，通常會在百貨公司裡受到最大考驗，急於「出手」的男人，大多數無法通過「鑑定」。

　　男人認為購物根本不用耗太多時間，只要依循以下三步驟就好──詢價、付錢、走人。逛街血拼購物的行為，除了浪費時間，更浪費金錢。

　　女人很容易過度消費，除了因為對外表美麗的追求，也因為她們之間總是習慣相互攀比。

　　女人間的比較心態是很恐怖的：妳有一樣什麼東西，我也得

想辦法有一件能夠媲美的；妳的衣服是從韓國買來的，我的就要是從日本買來的；妳穿金戴銀，手上戴著好幾個戒指，我就說那全部都是不值錢的假貨；妳每天換穿不同的衣服，那我就上午穿一套，到下午再換一套⋯⋯

自然，我們可以說，女人無限度的消費攀比，刺激了經濟的發展，可是從另一方面來看，男人得時時留心，並為滿足身邊女人的慾望而努力，也是一種相當沉重的負擔。

11. PART

保持吸引力，
讓愛情更亮麗

感性、風趣的人，才能成為好伴侶。

感性的男人，能與戀人同甘共苦，

分享喜與悲，分享夢想與困惑。

戀愛心理，兩性大不同

 女性情感細膩，善於體察對方的心理。男方不經意的一句話、一件小事，就足以引起她們的不快和傷感。

男女之間的談情說愛，多是為了婚戀目的而進行。這種交往既有本能的激發，又有美好的憧憬，當中隱藏著妙不可言的分寸，想追求心儀對象的你，可得認真體會和謹慎把握。

男女相戀相愛，是正常現象，但兩性的戀愛心理，則有相當的差異。

從戀愛的過程看，男女心理的差異，表現在以下幾個方面：

• 對戀愛的態度

女性在戀愛中，渴望得到親密的關係，追求感情方面的高度接近。因此，愛上對方之後，用情往往十分熱烈。

男性則不然，常以自己的才學、能力為傲，希望女方對自己一往情深，卻認為付出柔情蜜意是柔弱的表現，有失男子風度。所以，即使熱情如火，也不願意公開做出坦誠的表示。

• 擇偶標準

女性注重男子的才華、職業、經濟等條件，男性則更注重女子的體貌、性情、趣味。

可以這麼說，女性的擇偶心理比較實際，男性的擇偶心理則比較虛幻。

・追求愛情形式

追求愛情，男性比較強烈和主動，而且側重異性的外表。一張美麗的面孔，一個動人的微笑，都可以讓他們動情，並很快進入角色。

女性則不然，更希望找到一個可以信賴、依靠的終身伴侶，較為注意對方的內在品性和本領，以及經濟條件。

・情感表現

男性一般反應迅速強烈、意志堅強、勇敢大膽、感情洋溢，但容易起伏不定。

他們敢於直率地將自己的想法、態度坦露出來。因此，受到刺激時，較不善於控制自己。

女性一般沉穩內斂、靈活好動、情緒多變、感情充沛脆弱：由於感情羞澀而少外露，多半善於掩飾自己，喜歡用婉轉、含蓄、暗示的方法，而不喜歡過早用動作、行為的親暱來表達。

・對愛情的感受

男性比較粗心，不能仔細觀察、體察女方的心理，只顧及大方面，而不注意小細節。當發現對方情緒變化時，往往感到奇怪，不知所措。

女性情感細膩，善於體察對方的心理。她們追求愛情的親密，要求男子的言談舉止都要稱心。有時，男方不經意的一句話、一件小事，就足以引起她們的不快和傷感。

‧對愛情波折的承受力

對待戀愛過程中的摩擦，男性較隨和，面對矛盾和爭吵，大多比較坦然，容易做出讓步，不願爭執擴大、張揚。女性則不然，為一點小不快就感情波動、激動、不安，甚至哭泣。

但面對失戀，男性對痛苦的承受力卻低於女性，更容易表現得消沉、哀傷，以至絕望。

抓住兩性面對愛情時的微小心理差異，你自然更能了解「她」的心，面對爭執、誤解，會更知道該怎麼做。

讓彼此的感情更穩定發展

 爭吵對罵取代柔情蜜意，將會嚴重傷害彼此
感情，又如何發展、更新愛情呢？男人多採
取諒解和遷讓的態度，才是明智的。

　　兩個人共同生活後，男人應該如何擔負起發展愛情的重任？

　　首先，應該主動做些家務事，不可把日常家務全部交給女方
一人承擔。安排時間幫助女人一起處理，是必要的。

　　兩個人組成的小家庭，規模雖小，該做的事卻一樣也少不了，
而且永遠沒完沒了，周而復始，天天如此。別把家務全都推給女
人，那實在是一副相當沉重的擔子，你於心何忍？

　　一個愛著自己的伴侶的男人，豈能忍心讓她一個人整日操勞
而無動於衷？倘若男人像個頤指氣使、高高在上的主人，女人像
個奴僕，長此下去，愛情終將被消磨殆盡。

　　愛情，不是一句空話，要透過日常生活中的點滴行動表現。
愛情的發展，也不是一句空話就能奏效，需要實際的行為作推動。
家務勞動，最能展現這一點。

　　既然是家務勞動，你自然也有份。

　　其次，處理家庭瑣事時，要懂得遷就、退讓。

　　只要不是大原則問題，那些雞毛蒜皮的生活小事，糊塗一些
沒有什麼不好。太認真計較不僅難以解決矛盾，還會增加裂痕。

　　熱戀時，男人對女朋友總是言聽計從、百依百順，事事表現出自己的豁達、豪放。但一起生活後往往就變了，以為佔有了對方，說話做事開始斤斤計較，總要爭論個誰對誰錯。

　　時間一長，爭吵對罵取代了柔情蜜意，將會嚴重傷害彼此感情，又如何發展、更新愛情呢？男人多採取諒解和遷讓的態度，才是明智的。

　　再者，男人應該在生活、工作和學習上，支援女人的求知進取心。

　　愛情，不是生活的全部，除此以外，還有許多追求，拓展彼此的人生境界，更能促進愛情的發展。

　　女人喜歡進修，男人應主動鼓勵；女人遇到不順心的事，或與別人發生爭執，男人應該耐心地給予寬慰；女人遇到困難憂愁，男人應及時瞭解，幫助排憂解難；女人身體不適，男人要主動承擔家務。

　　如此一來，愛情才能在具體的行動中穩定發展。

保持吸引力，讓愛情更亮麗

感性、風趣的人，才能成為好伴侶。感性的男人，能與戀人同甘共苦，分享喜與悲，分享夢想與困惑。

感情的維繫，需要相互刺激和吸引。沒有吸引力的組合，無疑是失敗的。

你有這樣的體驗嗎？一天，你的她突然穿著一件很迷人的新衣服，出現在你面前，你立刻感到眼前一亮。

其實，她還是老樣子，但你心裡卻產生出一種新鮮感。這種新鮮，就是一種吸引力。談戀愛，最怕的就是單調。天天如此，周而復始，令人感到乏味，所以需要創造，需要更新。

男女雙方都有責任改善愛情生活，賦予它新的內容、新的趣味。增加感情起伏，正是一種好方式。

男女朝夕相處，難免習以為常；一旦分離，就會朝思暮想。有的男女，在一起時總是吵吵鬧鬧，一旦對方出差，就會開始想著對方的好，等到重聚之後，感情變得比以前好許多，在差別感受中得到了深化。

曾有專家說：「暫時的別離對戀情是有益的，因為經常的接觸會顯得單調，使事物間的差別消失。即便是深摯的熱情，由於與對象的親近，也會表現為日常的習慣。但在別離魔術般的影響下，定會壯大起來，重新具備它所固有的力量。我們愛情，就是

如此。」

彼此相愛的男女，不但不應懼怕彼此的暫時分離，有時還可採用人為的暫時分離來調整感情。

再者，男女之間，應該增加生活色彩。

與其讓女人在假日沒完沒了地洗衣服、整理家務，倒不如一起動手，等假日到來，兩人就可以出去走走，享受難得的悠閒。

感覺兩人的生活過於單調，就要主動想辦法增添色彩。你就算工作再忙，也不要忘了陪她說說話、看電視，帶她出門逛逛，使生活豐富多彩。其實，女人會喜歡什麼樣的男人，一點也不難了解，以下就是五種最受歡迎的男人。

• 真正理解女人的男人

有這樣一對男女，男人是公務員，女人是專職家庭主婦，喜歡佈置家庭、走親訪友，熱愛熱鬧。

男人工作繁忙，慢慢地，女人臉上的笑容消失了。男人覺察後，改變了生活規律，儘量增加與家人的相處，一周至少有一次共同娛樂的時間。如此，夫妻感情才恢復先前的親密。

• 不吝給對方愛的慰藉

女人希望聽到男人和善的鼓勵和衷心讚嘆，真誠的愛撫和多方的慰藉。

女人可以不需要男人做一半的家務事，但需要男人的理解。

男人下班後，不管多累，也要與女人聊聊天。一個睡前的晚安吻，能讓女人從中得到極大安慰，安然入睡。

● 能互相忍讓解決問題

婚後生活的矛盾，是由男女雙方共同造成的，因此當發生矛盾時，不要過度要求對方改變觀點、習慣，完全配合自己。

女人有生理期的困擾，會產生週期性的不適，這時脾氣比較暴躁，男人應該體貼地避開這個矛盾的高峰，以幽默的言語轉移焦點。如果碰上一時解決不了問題，切記暫時冷靜，等到雙方都恢復理智了，再求解決之道。

● 感性、幽默風趣

感性、風趣的男人，才能成為女人的好伴侶。欠缺幽默感，可以說是一種缺陷。這樣的男人不注重生活情趣，也不能應付任何壓力。

沒有幽默感，等同沒有情趣。富有幽默感，哪怕碰上生活中那些又苦又累的事，也會變得輕鬆愉快。感性的男人，能與戀人同甘共苦，分享喜與悲，分享夢想與困惑。能時時察覺到對方的需要，表現出真誠的關心，並幫助解決。

● 自尊自信的男人

不懂得自愛的男人，必定也不懂得愛護女人。

心理學家布倫頓指出，自愛的人都具有自信，敢於面對生活的挑戰，而且也具有自尊，覺得自己應當擁有快樂、關懷、愛情和尊重。自愛的男人，應該表現對生命的喜悅、開朗，坦誠地看待自己的優點和缺點，言行一致，善於探討新事物，有適應力、愛心和創造能力。

抓住以上這些特質，你就是有吸引力的、女人喜歡的男人。

有風範的男人最迷人

很多男女都從朋友變成情人的，如果你也想從異性朋友中挑選交往對象，那麼就要坦然交往，大方相處，既熱情友好，又沉穩持重。

　　男人和女人，可說是上帝為世界創造的兩極。兩極構成的愛情世界，充滿了無限的魅力。

　　一個人生理成熟以後，便不可避免地感受到來自異性的莫大吸引，但在彼此吸引的過程中，必須留意一些準則。

　　男女交往，在大多數情況下，男性必須表現得更主動，包括主動搭訕、主動交談。

　　不過，男人追求女人之時，要留意以下幾點：

・忌過分親暱

　　過分親暱，不僅會顯得太輕佻，引起反感，還容易造成誤會。即使是已經確定關係的戀人，最好也不要在大庭廣眾下隨意上演親暱戲碼。

・不宜過分拘謹

　　和女性的交往，該說就說、該笑就笑，需要握手就握手，需要並肩就並肩，忸怩反而會使人生厭。但是，過分隨便也不好。男女畢竟有別，有些話題只能在同性之間交談，有些玩笑更不宜

在異性面前亂開。

• 不要饒舌

想賣弄自己的見識而講個不停，或在爭辯中強辭奪理不服輸，都是不討人喜歡的行為。太沉默，緘口不語，或只是「嗯」、「啊」相應，哪怕面帶笑容，也容易使人掃興。

• 不可太嚴肅

男人太嚴肅會使人不敢接近，望而生畏，但也不可太輕薄。

幽默感是討人喜歡的，可是故意出洋相、表現滑稽，就讓人瞧不起了。

• 不要太計較

一般而言，男人在社會上的接觸面比較廣，見識也相對多一些。為小事和女人爭執，實在有失男人的風度，對自己的形象和名聲都沒有好處。

很多男女都從朋友變成情人的，如果你也想從異性朋友中挑選交往對象，那麼就要坦然交往，大方相處，既熱情友好，又沉穩持重。

異性朋友與同性朋友，終究不同。

同性朋友可以親密無間，異性朋友之間的交往，卻不可過分親密，還要注意採取適當的方式。

展現你的風範，和異性坦然交往，這才是最迷人的好男人。

有些女孩，最好別去愛

什麼樣的女人最合適？每個男人都需要根據自己的實際條件、能力、理想來選擇。沒有明確的認識之前，最好先談談戀愛就好，別急著結婚。

有些女孩是不可錯過的，也有些女孩是最好別去招惹。

決定和以下幾種女人成為情侶之前，最好經過慎重考慮：

• 學業成就非常高的女人

談戀愛時，找個有一定教育水準的女人是必要的。但若是對方的教育水準非常高，比你高出很多，那就有些不妙了。

對於口裡經常掛著「理論基礎」而自命不凡的女性，還是敬而遠之吧！除非你能夠忍受這種被壓制的相處模式。

• 過分漂亮迷人的女人

娶得美人歸，會讓男人大感興奮。但過分漂亮迷人，到處惹男人行注目禮的女人，至少會為你帶來兩種災難：

1. 消磨自身

女人太美，男人就容易滿足，安於現狀，不圖進取，再沒有什麼成就。如果最後落得連女人都不留在身邊，那就全完蛋了。

其次，男人會對嬌妻疼惜有加，百依百順，最後就沒了男人氣概，喪失主見，成了任由擺佈的傀儡。

　　再者，整天想念著嬌妻，戀著那份溫柔，很難專心工作。而且還時時存在不安感，擔心她被別人追走了，或別人會來勾引她，惶惶然不可終日，恨不得每時每刻都陪在她身邊。如此一來，還有什麼做得成呢？

　2. 惹來嫉妒

　　娶嬌妻，惹來他人嫉妒，這是很自然的事。

　　一個美女老婆，免不了要惹同事、鄰居、親友眼紅。

　　人的心理很奇怪，明裡說不出口，暗裡就會對你加以排斥。你自己弄不明白在什麼地方得罪了同事、上司，排斥你的人也未必能清楚陳述。歸根究柢，其實就只是一種心理在作祟——嫉妒。

　• 洋娃娃型的女人

　　這類女人的外表雖然成熟，內心卻非常幼稚。性格過於天真，無憂無慮，不是個管家的料。

　　男人娶了她，必須要做好親自操持家務的心理準備，家中才可能井井有條。這類女人的孩子脾氣，一直會保持到中年以後。

　　不過，如果你結婚的目的，是想找個溫柔的小女人回家疼愛，這類女人倒不失為合適的選擇。

　• 情緒化的女人

　　這類女人十分難以捉摸，一會兒滔滔不絕，一會兒沉默寡言；一會兒神采飛揚，一會兒黯然神傷；一會兒對什麼都感興趣，一會兒又會對一切都興味索然。她們的感情非常易變，而且來得驟然、激烈，讓人無法捉摸。如果沒有相當的寬容，最好別與她結為伴侶。

• 女強人型的女人

中國人形容女性的軟弱依附為「小鳥依人」，外國人的說法，為「永遠攀附著葡萄架」。

女強人與這類女人的性格正好相反，甚至趨向於明顯的男性化。她們醉心於事業，並有指揮他人的慾望。

如果沒有令這類女人佩服的素質、智慧和能耐，蜜月過後，男人必定會慢慢發現，自己居然成了她的附屬品。

• 拜金型的女人

這類女人，往往靠出賣色相甚至肉體來換取金錢，表面上「正正經經」地談情說愛，實際上卻在拚命花男人的錢。

男人在她身上花的錢越多，她就越有征服感，征服欲也會越大。等到男人實在支撐不住，她就會離他而去，再尋找另一個更多金的目標。

這類女人拜金，金錢卻未必能買到她的愛。她願意成為你的女人，十有八九是因為你的財大氣粗。一旦碰到一個比你更加財大氣粗的人，或者你變得財少氣細了，她又會飛向別的枝頭，做別人的鳳凰。

• 太過精明的女人

做事精打細原本算是一種美德，可過分精明，就會變成吹毛求疵。

這類型的女人，在戀愛期間也許竭力掩飾自己的性格，但結婚之後，精明過分的性格就會表現無遺。你想和她談情說愛，她卻擺起一副主婦架子挑剔你，凡事吹毛求疵。

過分精明的女人，腦海中什麼也沒有，除了算盤。除非你是

一個工作至上事業家，打算要一位兼做助手的女人，要不然還是算了吧！

• 自我感覺太好的女人

「自我讚美型」的女人，大都對自己的姿色有著很強的自信，更肯花大把金錢做人工補救，設法使自己更美麗。於是，昨天去燙頭髮，今天去做美容手術、明天打算到精品店試裝……

她們最喜歡成為眾人注目的對象，只要男士們大獻殷勤，巴結、奉承，就會眉開眼笑。有事沒事就對男性朋友、鄰居的丈夫、英俊的推銷員大送秋波。

這種女人不可能做好賢內助，更不用說安慰男人、激勵男人了。非但如此，她們心還藏著這種想法：「以我擁有的魅力，照理可以找到更理想的男人。我嫁給他，他當然該視我如寶，善加呵護。這都是應該的！」她們的虛榮心太強，實在讓人吃不消。

• 指揮型的女人

這類女性通常在某方面比較出眾、比較優越，可能是出身高貴，可能是家境富有，可能是容顏姣好，可能是才華過人，往往憑藉這些資本，以自我為中心，指揮別人圍著她轉。

她不允許他人拂逆她的意志，更不能容忍身邊有比自己強的同性存在。她就像一隻驕傲的孔雀，總是開屏誘人，恨不得所有的男人都只愛她一個。她的脾氣比較大，喜怒無常，說話口無遮攔，一點情面都不留。

這類女性，一般男人很難駕馭。一般的男性，她也根本看不上眼。

不能說這類女人不好，由於能力過人，自信心強，她們通常

性格開朗、慷慨大方、待人熱情、樂於助人。

另外，她們具有領袖氣質，有一種野性的魅力，深得追求刺激、少年意氣、性格還沒有成熟的男性鍾情。

如果你被這樣一朵美麗而多刺的玫瑰花迷住了心竅，就得學會恰如其分地把握她的情緒。

但是，採取這一切行動的前提，你必須衡量一下自己有沒令她佩服的資本。否則，你在她面前，就只是個愛情的乞丐。

• 依賴型的女人

這類女性非常容易接近，性格柔和，善解人意，自我意識不強，自立能力也較差。

這類女性不能獨立承擔生活，必須要有另一半的幫助。她們最大的願望莫過於嫁個好男人，然後將自己的終生託付給。

照道理說，男人應該很喜歡這類型的女性，但你必須明白她們的特點。依賴型女性比較矜持，不夠刺激，能共同生活，卻不能激發情欲。相較之下，她們更適合忘我工作、追求事業的男性，為他們提供寧靜溫馨的避風港。

• 交際型的女人

不少現代女性喜愛交際，社會地位高、容貌好、學歷高的女性尤其熱衷。交際滿足她們的虛榮心，也滿足她們的成功感。

這類女性新潮、時尚，如果素質高，將會很有作為，因為時代給她們提供了大展才華的機會。充滿誘惑力的外在世界，使這類女性家庭觀念淡薄，不甘心囿於家庭的小圈子裡，甚至拒絕生兒育女。

男人愛上這樣有才氣的女人，就得摒棄傳統觀念，不要希望

她整天繞著你打轉，爲你做這做那。煮飯、洗碗、買菜、打掃、帶小孩……一切家務勞動的最合理規劃是分擔。她不可能在生活上全心全意地照顧男人，因爲沒有那麼大的耐心。

這種類型的女性，不適合傳統觀念重的男人。

• 實際型的女人

這類女性出生於平凡的家庭，從小就接受分擔家務的訓練，生活能力強，無論操持家務、伺候男人、照顧孩子，都能做得井井有條。

男人年輕時談戀愛，一般不太喜歡這類女性，認爲過分重物質輕精神，顯得很俗氣。但是當生活落到了柴、米、油、鹽中，就突顯出了這類女性的能幹，家裡沒有會過日子的她還眞不行。

選擇往往是痛苦的，同時也需要敏銳的頭腦。

什麼樣的女人最合適？每個男人都需要根據自己的實際條件、能力、理想來選擇。對自己結婚的目的、理想沒有明確的認識之前，最好先談談戀愛就好，別急著結婚。

走入婚姻，也要甜蜜蜜

 男女雙方能共同調整婚姻的基準點，不斷地
提升愛情的水準，那麼即使走入禮堂，依然
可以擁有甜蜜蜜的日子。

生活中，有形形色色的戀人，形形色色的婚姻。

儘管人們總是習慣地認為，愛情的果實應該是甜美的，然而一旦走進婚姻，卻又往往因為某些原因，結出苦澀的果實來。

因此，探討婚姻心理的種種形態，有相當的必要。

• 小康型

這是隨著生活水準提高，出現的一種新婚姻類型。

它沒有更高的目標追求，穩定的生活、固定的收入、愉快的情緒、和睦的氣氛，是這種婚姻形態的主要特點。

這種婚姻心理趨向尋求溫暖，希望男女雙方在生活上互相依靠，精神上互相慰藉，情感上互相滿足。

• 調和型

這種類型的婚姻，多半有不盡如意之處。

雙方不那麼合適，又不願意分手，一些大小事情便經常有調和的必要。

這樣的婚姻，大都以傳統的道德作為基礎，同時又以傳統的

忍讓方式作爲調和工具。因此，雖多有不和、拌嘴之處，卻不會大動干戈。

雙方應該以彼此的素質差異爲基礎，多做些補遺工作，如生活目的、文化水準、情趣愛好、個人修養等等，以使相處的日子更充實、更飽滿。

・奮鬥型

這種類型的婚姻，多半以某種目標爲中心。婚姻的基礎，是雙方對某個理想執著的追求。

他們的生活節奏快、效能感強、強度大，著名科學家居里夫人和她的丈夫，就是最好的典型。兩人可以在極端困難的條件下共同奮鬥十年，只爲揭開放射性元素的奧秘。

儘管生活清苦，家務繁重，經濟拮据，但也正是「苦」，爲婚姻增加了甜蜜。就這樣，在實現理想的苦鬥中，愛情的綠樹日漸茁壯。

・核心型

現代的生活型態已然轉變，女性的追求開始向外，不甘於下班就圍著廚房、孩子轉，更認爲懷孕、生育、哺乳及教育的責任太辛苦、太勞累，不願走入此一階段。

出於種種考慮，夫妻兩人延後生育時間，或者乾脆不生孩子，便造就出只以男女二人爲核心的婚姻形式。

・奉獻型

這種類型的婚姻形式，是以男女一方爲對方的全面犧牲爲特點。大致有以下幾種情況：

1. 為對方的名利、錢財，奉獻出自己的一切，正是所謂金錢婚姻。

2. 為成就對方的事業，奉獻出自己的一切，挑起家庭的重擔，也可以稱為事業婚姻。

3. 為了使對方幸福，奉獻出自己的一切，也可以叫義務婚姻。

婚姻具有多種形式及多種心理狀態，對於渴望結婚的人，是個值得研究的問題。如果你和雙方能共同調整婚姻的基準點，不斷地提升愛情的水準，那麼即使走入禮堂，依然可以擁有甜蜜蜜的日子。

讓她成為你的「啦啦隊長」

 如果一個女人願意成為你的生涯後援者，她將扮演迷人的「啦啦隊長」角色，無可估量地增加你的衝勁。

女人，可能是你生涯中的後援和支持者，但也可能是你生涯的破壞者。

每個成功男人的背後，都有一個成功的女人。千萬不可忽視「小女子」對於男人經營才能的影響。有一位合作的女人幫助你，會使你的事業經營走向更美好的成功。

一個合作的女人，無異於最有力的後援者；一個不合作的女人，可能是最強大的破壞力量，甚至足以使男人成為一個庸碌無為的失敗者。

因此，你必須看一看以下幾個問題，了解你的戀人是不是合作者？

- 她在見你的老闆和熟人時，是否感到不自在？
- 她在你突然表示必須出差時，會持體諒和贊成態度嗎？
- 她是否鼓勵你做出有關你生涯的重大決定，並表態支持。
- 討論事情時，她是否總是表現得不耐煩，只想結束討論，然後讓她自己發表意見？
- 她是否願意採取積極的行動，提升你個人的公眾形象，尤其在接觸到「重要人士」時？

　　你得出的結論是什麼？你的她，到底是你的後援支持者，還是阻礙破壞者？

　　如果她是你個人生涯的後援支持者，你應當感謝上帝，為自己得到一位能夠真正幫助你的人而心存感激。當然，你更應該向她表示感謝。

　　如果你沒有那麼幸運，她不是一個支持者，甚至是一個破壞者，也不必灰心，人是可以改變的。就像一個原本不具備某項技能的人，經過認真學習之後，便有可能能夠具備這項技能，甚至十分拿手。

　　正如前文所述，並不是每一個女人，都有利於男人事業的經營，有的女人是有力的生涯後援者，有的女人則是生涯的破壞者。如果你的她是前者，你要多多從她那裡汲取營養，讓她走進你的培養環境。如果你的她是後者，就設法改變，使她變得更像前者，然後也進入你的培養環境。

　　如果一個女人願意成為你的生涯後援者，她將扮演迷人的「啦啦隊長」角色，無可估量地增加你的衝勁。

愛情必須用心經營

男人一定要學會尊重女人，男女間關係的融
洽，有賴雙方在共同生活中持續摸索、體
會。一切的根基，就從尊重開始。

愛情必須要用心經營，當女人向你興致勃勃地講述，哪怕說
的只是一天中最小的歡樂和煩惱，都要專注地聆聽。

女性總是喜歡向她親近的人，尤其是男人，傾訴自己的心事，
她們需要的是親切感和理解。

希望天底下最忙碌的男人都能夠明白這一點，設法擠出一些
時間，靜靜傾聽她們的心聲。

不要覺得這是小事，也不要嫌女人嘮叨，這裡潛藏著無限的
深情和對男人的信任。

出差在外時，要經常與對方聯絡，讓她知道你想念著她。聰
明的男人絕不會失去這個表達愛情的好時機，畢竟有些話，不是
當面可以說得出口。常言道「小別勝新婚」，男女整天生活在一
起，免不了感到單調。稍微分開片刻，才能靜靜地體驗對方在自
己心中的地位。

平時，儘量在女人面前表現出你的豪爽勇敢。當女人由於某
事感到不安、憂愁或被激怒時，應該給予安慰，因為這正是她最
需要關懷的時候。

此外，完全沒有必要害怕在女人面前承認自己犯錯，男女關係並非體育賽事，無所謂誰勝誰負。擺出大男人的架子，實際上有害無益。

不少男人希望自己在女人心目中，是個完美無缺的超人，不喜歡女人對自己的能力有半點質疑，自然也就容不得女人提出異議，哪怕是婉轉的建議。

他們不瞭解，女人的異議和建議，不但不會減損自身形象，反而會幫助自己更完美。

當你的女人感覺到她很需要你，比如生病的時候，你應當付出寶貴時間來陪伴她。這時，女人身體上、心理上都很痛苦，情緒也不好，更會拿男人的表現來衡量對自己愛的深度。

細心的男人，此時會格外重視表現自己，與女人談些有趣的事，安排病癒之好的旅遊計劃，表示她的存在對自己有多麼重要，力求使她感受到：我需要妳，我會幫妳克服困難。

有的男人對女人提出的建議總是很不屑，總是認為三言兩語應付過去就算了。

這是錯誤的，男人應該把自己面對的問題和女人談一談，這不僅是對她的尊重，更是一片深情的最實際表現。

如果能夠做到這些，女人回報的，將是幸福美滿的天堂。

兩個人的關係穩定後，還需要尊重對方嗎？

有人認為，已經在一起了，就不用什麼客套。卻不知道不注意相互尊重的行為，往往會帶來潛伏的危機。

充滿愛的語言，在生活中佔有很重要的位置。

當男人忙了一天，回到家裡，女人說一句：「回來了，快休

息一下。」男人說：「妳忙了一整天，應該歇會兒，我來忙吧！」
兩句簡單的語言，就能夠爲家庭帶來一股溫暖。

　　很遺憾，不少男人不管這些，回到家看見飯還沒準備好就大
發脾氣，吃飽之後只坐在客廳看電視，什麼也不管，長此以往，
感情怎麼會好？

　　尊敬他人，就是尊重自己。戀愛、結婚也是如此，男人一定
要學會尊重女人，尊重女人的付出。

　　男女間關係的融洽，有賴雙方在共同生活中持續摸索、體會。
一切的根基，就從尊重開始。

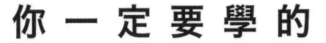

你一定要學的

撩　　妹

How To make a girl chase you

心理學

凌雲＝編著

想要把妹，就不要怕被拒絕

作家安・蘭德絲曾寫道：
男人最大的遺憾，通常就是面對讓自己怦然心動的對象，
卻因為畏怯忐忑，未能將心中的愛意表達出來。

如果你不想讓錯過的愛情成為心中永遠的痛，那麼面對喜愛的正妹，就必須放下忐忑不安的心，大大方方表現自己的心意。
千萬不要猶豫不決，也不要害怕遭到拒絕，如果你不適時放放電，又怎麼知道和對方來不來電？
想撩正妹，臉皮一定要厚，只要不患得患失，你就會恍然發現，其實對方並不像自己想像中那麼難追。

放下負面的想法，才會有幸福的活法

Let it go
is also a kind of
happiness

放下，
也是一種幸福

江月————編著

斯特恩曾經寫道：
苦與歡樂就像光明與黑暗互相交替，
知道怎樣使自己適應它們，跟它們和平共處，才懂得怎樣生活。」

人的生命歷程都會有幸福時光，也必定會有痛苦時刻，
坦然面對痛苦、學習放下痛苦的人，才能擁有真正的幸福。
須活在當下，放下負面的想法。不要老是抱怨自己為何遭逢那麼多挫折，
人生路走得那麼坎坷，只要你願意放下這些負面的想法，你就會找到屬於自己的幸福快樂。

你一定要學的撩妹攻略

作　　者　凌　雲
社　　長　陳維都
藝術總監　黃聖文
編輯總監　王　凌
出 版 者　普天出版家族有限公司
　　　　　新北市汐止區康寧街 169 巷 25 號 6 樓
　　　　　TEL / (02) 26921935 (代表號)
　　　　　FAX / (02) 26959332
　　　　　E-mail：popular.press@msa.hinet.net
　　　　　http://www.popu.com.tw/
　　　　　郵政劃撥 19091443 陳維都帳戶
總 經 銷　旭昇圖書有限公司
　　　　　新北市中和區中山路二段 352 號 2F
　　　　　TEL / (02) 22451480 (代表號)
　　　　　FAX / (02) 22451479
　　　　　E-mail：s1686688@ms31.hinet.net
法律顧問　西華律師事務所‧黃憲男律師
電腦排版　巨新電腦排版有限公司
印製裝訂　久裕印刷事業有限公司
出 版 日　2018 (民 107) 年 11 月第 1 版
I S B N◉978-986-389-554-1　　　條碼 9789863895541
Copyright◎2018
Printed in Taiwan ,2018 All Rights Reserved

國家圖書館出版品預行編目資料

你一定要學的撩妹攻略／

凌雲編著. —第 1 版. —：新北市, 普天出版

民 107.11 面；公分. - (生活講義；129)

ISBN◉978-986-389-554-1(平裝)

CIP◉177.2

普天之下．盡是好書

普天 出版社
Popular Press